ハヤカワ文庫 NF
〈NF560〉

リモートワークの達人

ジェイソン・フリード
デイヴィッド・ハイネマイヤー・ハンソン
高橋璃子訳

JN104084

早川書房
8543

日本語版翻訳権独占
早　川　書　房

©2020 Hayakawa Publishing, Inc.

REMOTE: OFFICE NOT REQUIRED
by
Jason Fried and David Heinemeier Hansson
Copyright © 2013 by
37signals, LLC.
Translated by
Rico Takahashi
Published 2020 in Japan by
HAYAKAWA PUBLISHING, INC.
This book is published in Japan by
arrangement with
CROWN BUSINESS
an imprint of THE CROWN PUBLISHING GROUP
a division of RANDOM HOUSE LLC
through JAPAN UNI AGENCY, INC., TOKYO.

目次

リモートワークの達人

はじめに

この本を書きはじめたとき、リモートワークはひそかなブームになっていた。2005年から2011年にかけて、アメリカ企業のリモートワーク導入率は実に73%も上昇した[1]。

ところがその後、この流れをぶち壊すようなできごとが起こる。2013年2月、ヤフーのマリッサ・メイヤーCEOがリモートワークの廃止を発表。ちょうどこの本を書き終えようとしていた頃のことだった。

このニュースをきっかけに、リモートワークは世界的な注目の的《まと》になった。少なくとも数百の記事が書かれ、いたるところで熱い議論が巻き起こった。

正直、あと半年待ってほしかった。あのとき僕らの本がでていたら、話題の中心に飛び込んでいけたのに。

とはいえ、ヤフーの動きがこの本の内容にリアルな裏づけを与えてくれたことも事実だ。ヤフー側の主張は、本書の〈リモートワークの誤解を解く〉の章で論破している「誤解」を地で行く内容だった。

ヤフーの決定が正しかったとは思えない。ただし、リモートワークの問題に光を当ててくれたという意味では感謝している。

この本の目的は、リモートワークという働き方を、より深く公平に検討することだ。派手なパフォーマンスやスローガンはいらない。必要なのは、実際の経験にもとづいた、現実的な分析だ。長年の経験をもとに、リモートワークの長所と短所を明らかにしようと思う。

僕らの時代の新たな働き方へ、ようこそ。

イントロダクション――オフィスのない世界

未来はすでにここにある。ただ、等しく行きわたっていないだけだ。
――ウィリアム・ギブスン

世の中ではいま、数千という会社で働く数百万人の人びとが、オフィスから離れて働いている。リモートワーク、またはテレワークとも呼ばれるものだ。

小さな会社から有名な大企業まで、あらゆる業界のさまざまな会社がリモートワークに進出してきている。ただし、かつてファックスが普及したときのような勢いはない。すぐに大半の会社が取り入れてもよさそうなのに、リモートワークはまだ多数派というにはほど遠い。

技術はすでにそろっている。世界中の人といつでも簡単にコミュニケーションがとれて、一緒に作業を進められるツールがいくらでもある。

それなのに、技術を使う側の人間は、いまだに昔ながらの働き方に縛られている。アップデートが必要なのは、どうやら人の気持ちのようだ。

この本は、リモートワークに対する考え方をアップデートするために書かれた。

まず、リモートワークのメリットを紹介する。リモートワークは、とても有利な働き方だ。会社は優秀な人材を獲得しやすくなるし、働く人は通勤の苦痛から自由になり、オフィスの騒音を逃れて仕事に集中できる。

次に、リモートワークに対する反対意見を論破していこうと思う。同じ場所にいないとイノベーションは生まれないとか、家では仕事が進まない、あるいは会社の文化が衰退するといったような意見をひとつひとつ検証しよう。

そしていちばん大事なのは、リモートワークの達人になる方法だ。リモートワークがはかどるツールやノウハウを紹介し、リモートワークならではの難しさやリスクについても検討してみたい（当然だが、100％いいことだけのやり方なんて存在しない）。

すべて、現場の経験にもとづく実用的な内容だ。僕らはリモートワークの研究家じゃない。実際にリモートで働く経験を積んできた実践者だ。

僕らの会社「37シグナルズ（2014年に「ベースキャンプ」に社名変更した）」では、10年前からリモートワークを活用している。当初のメンバーは、コペンハーゲンとシカゴに1人ずつ。そこから順調にリモートで成果を上げてきた。現在では世界各地の36人のメンバーが僕らの会社で働いている。ユーザー数は数百万人、世界中のあらゆる国が僕らのフィールドだ。

そうした経験をもとに、リモートワークがいかに豊かで自由な世界かということを紹介したい。

オフィスに集まって働くという固定観念をくつがえし、新たな世界の扉を開くのだ。

僕らがいっているのは、人件費削減のためのアウトソーシングみたいな古くさい話じゃない。仕事の質が大きく高まり、働く人の満足度もアップする、新しい働き方のことだ。

「オフィスのない世界」は、未来ではなく、現在にある。

その波に乗れるかどうかは、あなた次第だ。

12
9
3
6

リモートワークの時代がやってきた

なぜ会社にいると仕事ができないのか

本当に集中して仕事がしたいとき、あなたはどこへ行くだろう？

まわりの人間に、そうたずねてみてほしい。「会社」と答える人は、ほとんどいないはずだ。

仮に「会社」だとしても、何らかの条件つきのことが多い。思いきり早起きして誰もいないうちに出社するとか、みんなが帰ってから夜中に仕事をするとか。あるいは「週末の誰もいない会社に忍び込む」というパターンもある。

要するに、会社にいたら仕事ができないということだ。本当に仕事がしたい人にとって、昼間の会社ほど最悪な場所はない。

なぜかって？

会社は邪魔に満ちているからだ。

昼間のオフィスは、まるでフードプロセッサのような場所だ。あなたの時間を引きちぎり、粉々に砕いてしまう。とりあえず15分、あとで10分、それから20分、今度は5分。そうやって手に入れた細切れの時間だって、すぐに電話やミーティングなどの余計な仕事でつぶされる。

そんな細切れの時間で、まともな仕事ができるわけがない。

頭を使ってクリエイティブな仕事をやろうと思ったら、まとまった時間がどうしても必要だ。ある程度まとまった時間がなければ、脳は仕事に没頭できない。でも現代の会社で、集中できる時間を見つけることは不可能だ。次から次へと邪魔ばかり入ってくる。

そこで、リモートワークの登場だ。

会社の外にいれば、誰にも邪魔されないで思いきり仕事に集中できる。会社の雑音から離れるだけで、生産性は格段にアップするはずだ。

本当に仕事がしたかったら、会社になんか行かなければいい。

もちろん、会社の外にもそれなりに困ったことはある。電話やミーティングのかわりに、さまざまなものがあなたの邪魔をするだろう。

家で仕事をするなら、テレビの誘惑。カフェで仕事をするなら、隣の席のうるさすぎる会話。

でもそこには、会社の邪魔とは決定的にちがうことがある。

自分でコントロールできる、ということだ。

会社の外にある邪魔は、避けようと思えば避けられる。他人の会話がうるさいなら、ヘッドフォンで音楽を聴けばいい。

これが会社だったら、雑談好きの同僚に肩をつかれるかもしれない。どうでもいいミーティングに呼びだされるかもしれない。

でも会社の外にいれば、ひとりきりで仕事に没頭できる。

信じられないなら、まわりの人間に聞いてみるといい。あるいは、自分にたずねてみるといい。

本当に集中して仕事がしたいとき、あなたはどこへ行くだろう？

答えは、昼間のオフィス以外のどこかにあるはずだ。

通勤は人生の無駄づかい

通勤時間が好きな人なんていない。

朝は早く起きなくてはならないし、家に帰ってくるのも遅くなる。時間の無駄だし、イライラする。夕食をつくる余裕もなくなり、毎日レトルト食品やファストフードという人も多いだろう。

ジムに行く気力はなくなり、子どもの顔は寝顔しか見られない。家族とまともに話すことすら面倒だ。

そんなふうに日々はすぎていく。

通勤の被害を受けるのは、平日だけじゃない。

土曜日のあなたを待っているのは、毎日の長い通勤時間のせいで後回しになった用事の山だ。

部屋を掃除して、クリーニングを取りにいき、ホームセンターで掃除用品や電球を買

い、公共料金の支払いをしているうちに、週末の半分は終わってしまう。

そして何よりつらいのは、通勤時間そのものだ。

どんなにいい車に乗っていても、朝の渋滞はけっして楽しくない。ましてや、混みあった電車やバスに乗るなんて最悪だ。

ひと息ごとに疲れきった人びとの体臭を吸い込み、残り少ないエネルギーを吸い取られる。

通勤が体に悪いことは、科学的にも明らかになっている。通勤時間の長い人は太りやすく、ストレスが多く、ゆううつな気分になりやすい。通勤時間の短い人でさえ、やはり通勤をしない人よりも幸福度が下がっている。

通勤は肥満やストレスだけでなく、不眠や肩こり、腰痛や高血圧などの病気を引き起こす。心臓発作やうつ病のリスクも高まり、さらには離婚率まで上がるそうだ。[2]

それでは、もし仮に、通勤が体に悪くなかったとしよう。環境にも悪くなかったとしよう。それなら、通勤は許せるだろうか？

単純な計算をしてみよう。

片道45分かけて通勤している人の場合、1日に1時間半が通勤に消える。1週間で7

時間半だ。1年にすると300時間から400時間が、通勤のためだけに消えていくことになる。

400時間。けっして少なくない時間だ。

僕らの会社の主力製品であるベースキャンプは、ちょうど400時間の工数で完成した。

もしも400時間が自由に使えたら、いったいどれだけのことができるだろう？

通勤は身体や環境や家庭生活を壊すだけじゃない。ビジネスにとっても、大きな害になる。

そろそろ、やめてもいい頃だ。

未来の技術はここにある

リモートワークがそんなに有益なら、なぜ多くの会社はそれを実行していないのだろう？

答えは簡単。「できなかったから」だ。

以前は、リモートワークをするための技術が存在しなかった。別の街や外国で働く人たちと、ファックスやＦｅｄＥｘだけでやりとりするのは、たしかに至難の業《わざ》だった。でも最近になって、ようやく技術が追いついてきた。リモートワークが、現実的な選択肢になったのだ。

ＷｅｂＥｘでスクリーンを共有し、ベースキャンプで全員の進捗《しんちょく》を管理。チャットでリアルタイムに会話し、ドロップボックスでファイルの変更を逐一共有することもできる。

これらの技術が登場したのは、ここ15年ほどのことだ。

その可能性はまだ、十分に引きだされていない。

これまで人びとは、9時から5時まで会社にいるという働き方にどっぷり浸かって生きてきた。大都市にあるビルのなかで、自分の机に張りついて仕事をするのが当たり前だった。

みんなそれに慣れすぎて、ほかの選択肢があることを忘れてしまっている。いまの働き方以外は不可能だと思い込もうとしている。

でも、可能性はちゃんとそこにある。未来はもうはじまっているのだ。

フェイスブックや携帯のSMSで育った世代が、全員集合の働き方をつづけたいと思うだろうか？

月曜の朝はみんなで全社朝礼？

ナンセンスだ。

リモートワークに必要な技術は、けっして難しいものじゃない。必要なツールの使い方を学ぶのに、時間はほとんどかからない。

必要なのは、やってやろうという意志だ。古いやり方を捨てて、前に進もうという決意だ。

さて、あなたにはできるだろうか？

9時5時からの解放

リモートワークにともなう大きな変化といえば、時間がフレキシブルになることだ。働く場所が自由になるだけでなく、働く時間も自由に選べるようになる。

時差のある地域に住む人とコラボレーションするには、時間をずらして働くことが必

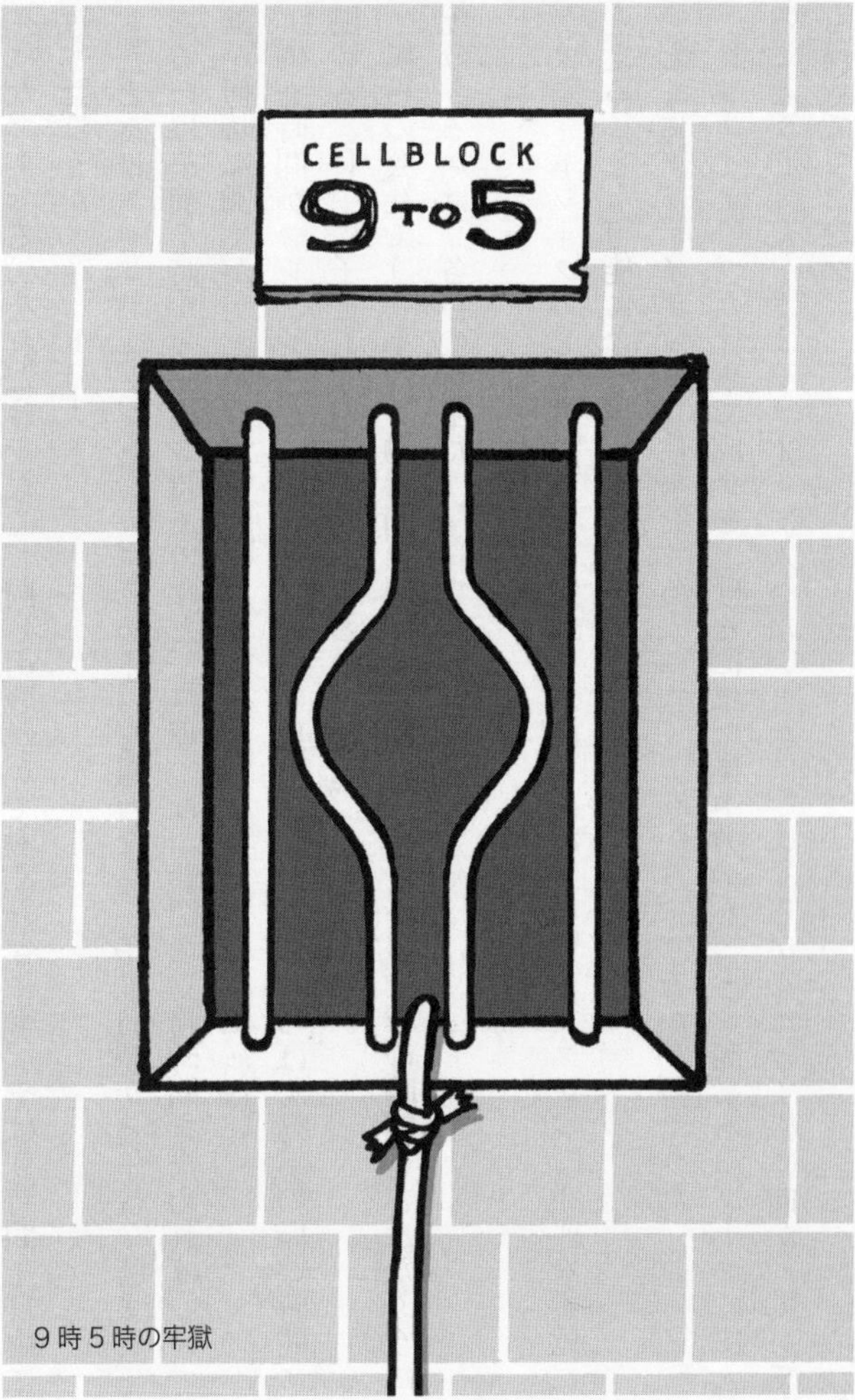

9時5時の牢獄

須になってくる。それだけでなく、同じ街のなかで働くときにも、やはり時間を自由に選べたほうがメリットは大きい。

たとえばコペンハーゲンとシカゴでチームを組むなら、午前11時から午後7時まで、あるいは午前7時から午後3時までなど、無理のない範囲で勤務時間を決めればいい。誰が何時に働くかがわかっていれば、コミュニケーションには困らない。

働く時間がフレキシブルになれば、朝型の人も夜型の人もいちばん効率のいい時間に働ける。日中に子どもを迎えにいくことも可能だ。

僕らの会社では、平均労働時間を週に40時間と決めている。その時間をどんなふうに配分するかは、各自の自由だ。

リモートワークのしくみがうまく定着すれば、その日の気分でスケジュールを柔軟に変えることも可能になる。

とくにクリエイティブな仕事をする人には、こういうやり方がぴったりだ。

クリエイティブな仕事で成果を上げるには、集中力がもっとも高まる「ゾーン」に入ることが必要だ。うまくゾーンに入れないときは、いくらがんばって机に向かっていても何もでてこない。

そんなときは、いったん仕事のことを忘れて、気晴らしをするのがいちばんだ。そして脳がフル回転してきたタイミングで、もういちど仕事にとりかかればいい。

コロラド州にあるITコレクティブという映画製作会社では、新作にとりかかるとき、クリエイターの勤務時間を夜型に切り替えることがある。夜中のほうがアイデアがでやすいからだ。

翌朝はほかのチームが出社してくるまで待ち、進捗と作業計画を相談してから帰宅する。あとはゆっくり眠って、夜になったらまた作業開始だ。昼すぎまで寝ていたからといって、誰も文句をいったりしない。

もちろん、なかには時間が自由にならない仕事もある。

たとえば、カスタマーサポート。日中に電話がつながらないと困るので、カスタマーサポートのチームは通常の営業時間にあわせて働く必要がある。

ただし、そのなかでも人によって時間をずらすことは可能だ。要はチーム全体として、営業時間をうまくカバーしていけばいい。

9時から5時という働き方に縛られるのは、もうやめよう。

はじめは全員そろっていないと不安になるかもしれないが、すぐに慣れて、やりやすくなるはずだ。

大事なのは、時計の針よりも、仕事の中身なのだから。

都会の終焉

都会には、才能ある人間が集まっている。

昔の資本家たちが、こんなふうに考えたからだ。

「なるべくたくさんの人間を狭いエリアに押し込んでおけ。そうすれば、いくらでも工場の働き手を確保できるぞ」

さすがはお偉いさんだ。考えることがえげつない。

そうやって街の人口密度が上がると、工場以外にもたくさんのメリットが生まれてきた。都会には立派な図書館や映画館ができ、レストランやスタジアムなども続々と建てられた。

文化が集まってきたのだ。

それと引き換えに、僕らは狭苦しいアパートに閉じ込められることになった。ちっぽ

けな部屋をでて、ぎゅうぎゅうづめの電車に乗り、ごちゃごちゃしたオフィスの小さなデスクに向かう。

僕らは便利さと娯楽のために、広い土地や新鮮な空気を犠牲にしたのだ。

ただし最近では、技術の進歩のおかげで、田舎に住むことのデメリットはほとんどなくなっている。どこにいても最新の映画が見られて、あらゆる本が手に入り、どんなマニアックな曲でも聴けて、スポーツの試合も生中継で見られる。

そんなことを1960年代の人間にいっても、きっと笑い飛ばされただろう。80年代の人間だって、信じてくれなかったはずだ。

でもいまでは、それが当たり前になっている。

さて、ここで議論を一歩すすめてみよう。

どこにいても最新の文化や娯楽が手に入るなら、なぜ都会なんかに住みつづける必要がある？

バカみたいに高い家賃、混みあった通勤電車、狭くてうるさいオフィス。

それらに耐えてまで、あなたは都会に住みたいだろうか？

たいていの場合、答えはノーだ。

僕らの未来予測——今後20年以内に、都会を離れて住むライフスタイルが人気になるだろう。といっても、画一的な郊外住宅地のことじゃない。世界中のどこでも、好きな場所に住めばいいのだ。

豪華なオフィスはもう古い

高層ビルの最上階にある、おしゃれなオフィス。会社の経費で買ったレクサスに、専属の秘書。

昔は一流企業の勝ち組といえば、そんなイメージだった。

ただし、最近のポップな一流企業だって、そんなに変わったわけじゃない。シェフが調理する無料の社食に、クリーニングやマッサージ、ゲーム機でいっぱいのプレイルーム。

やっていることは、古くさい一流企業とほぼ同じだ。

会社でぜいたくができることと引き換えに、社員は1日のほとんどをオフィスですごすようになる。家族や友人と会う時間は減り、趣味からも遠ざかってしまう。

本当のぜいたくって?

リタイアしたら好きな場所に行って好きなことをやろうと夢見ながら、ささやかなぜいたくになぐさめられる日々だ。

でも、なぜリタイアを待つ必要がある？

スキーがやりたいなら、いま雪山に行けばいい。歳をとって足腰が弱るまで待つ必要はない。

サーフィンがやりたいなら、いま海に行けばいい。わざわざ海のない街に住みつづける必要はない。田舎に住む家族と一緒にいたいなら、いま引っ越してしまえばいい。何時間も離れた街にいる意味なんてどこにもない。

これからは、働きながら好きなことをやる時代だ。歳をとるまで待つ必要はない。好きなことをやれる環境で、仕事と趣味を両立すればいい。

何十年も先のことを待ちつづける人生に、何の意味がある？

働けるうちは仕事に専念し、リタイアしてから好きなことをやるという考え方は、もう捨てよう。

これからは仕事も趣味も、同時に楽しめる時代だ。「仕事さえなければ」という思い込みから自由になれば、人生はもっと生きやすくなる。

宝くじに当たるのを待つより、そのほうがずっと現実的だ。いまの会社で出世して役員になるとか、ストックオプションで大儲けするとかいう夢はもう捨てよう。

そんなものを待っていたら、手遅れになってしまうからだ。

好きなことをやって生きるのは、難しいことじゃない。ものすごい幸運も、人並みはずれた努力も必要ない。働く場所と時間を選ぶことさえできれば、いますぐに人生を思いきり楽しめる。

といっても別に、スキーがやりたければ家を引き払って雪国に引っ越せといっているわけではない。もっと簡単なところからはじめればいい。

たとえば、3週間だけ雪国にステイしてみるのはどうだろう？

すべてを捨てる必要はない。柔軟にやっていけばいいのだ。

これからは、場所と時間を自由に選べることが、本当のぜいたくになる。

いちどそんな自由を経験したら、最上階のオフィスや豪華な社食なんかにこれっぽっちの魅力も感じないはずだ。

〈場所の魔法〉という迷信

シリコンバレーの技術者や、ハリウッドの映画クリエイター、ニューヨークの広告マン。彼らと話していると、みんな決まって同じことを口にする。

場所の魔法が、すごい仕事を生むというのだ。

でも気をつけてほしい。そんなのはただの迷信だ。才能を狭い地域に押し込みたいやつらがいっているだけだ。

「迷信なんかじゃないさ、これまでの歴史を振り返ってみろよ」と彼らはいう。

たしかにシリコンバレーでは数々のすばらしい技術が生まれたし、ハリウッドは名作をどんどん生みだしてきた。それは認める。

ただし、過去は過去だ。

金融商品の説明にも、かならずこう書いてあるじゃないか。

「過去の実績は、将来のパフォーマンスを保証するものではありません」

そこで、僕らの（平凡な）未来予測――今後20年のあいだに、シリコンバレーが生み

TALENT
Hot Spots
1. Caldwell, Idaho USA
2. Evanston, Illinois USA
3. Fenwick, Ontario Canada
4. Tulsa, Oklahoma USA
5. Milwaukee, Wisconsin USA
6. Oxford, United Kingdom
7. Uppsala, Sweden
8. Petoskey, Michigan USA
9. Eichstätt, Germany
10. Dunedin, New Zealand

シリコンバレーはもう古い！

だす最新技術のシェアは減っていく。映画の名作もハリウッド以外の場所からどんどん登場してくる。

すぐれた才能の持ち主は世界中にいるし、彼らがみんなシリコンバレーやハリウッドに移住したいわけじゃない。

僕らの会社「37シグナルズ」は大成功をおさめたソフトウェア会社だが、本拠地はアメリカ中西部のイリノイ州シカゴだ。西海岸のシリコンバレーからは遠く離れた場所で、アイダホ州やオンタリオ州の精鋭たちが最先端のサービスを生みだしている。

世の中のソフトウェア会社は、みんなシリコンバレーに行って、スーパーハッカーを探しだそうと躍起になっているようだ。僕らがイリノイ州で起業したのは、結果的にちょうどよかったのかもしれない。

人材を探すハンターたちがひしめきあい、みんなiPhoneの曲順を並べ替えるくらい気軽に職場を転々とするような土地で戦うのが、得策だとは思えないからだ。徒歩圏内に何十や何百の競合企業がひしめいている環境では、大事な社員が近所の企業にふらりと転職したって何の不思議もない。

その点、業界の聖地から離れていれば、そんな心配はほとんどない。

隣の芝生を眺めて転職のチャンスをうかがう日々よりも、落ち着いていまの仕事に全力をつくせる環境のほうがきっと健全だ。

節約するより価値を生みだそう

リモートワークの話をすると、アウトソーシングの話だと誤解されることが多い。人件費の安いインドに外注してボロ儲け、のようなことを思い浮かべる人もいる。それもわからなくはないけれど、リモートワークの本質はそこにはない。

リモートワークは、社員の生活の質を向上させるためのものだ。場所を気にせず優秀な人材を雇い、さまざまな豊かさを生みだすものだ。もちろん結果的にオフィス関連のコストは安くなるだろうし、社員の質が上がって生産性はアップするだろう。ただし、それはあとからついてくるものであって、メインの目的ではない。

「会社と社員の両方にメリットがある」なんていうと、虫がよすぎるように聞こえるかもしれない。ただの夢物語だと思うかもしれない。

でもリモートワークなら、本当に、会社も社員もハッピーになれるのだ。仕事に関する本のほとんどは、雇う側と雇われる側を敵同士みたいに扱っている。もちろん実際に、そういう対立はあるのだろう。ただし、そこにこだわっていても、どこにも進めない。

リモートワークに向いた仕事のほとんどは、管理者と労働者の対立から自由なところにある。昔ながらの工場の単純作業なら、一分一秒見張って生産性を上げさせるというやり方もありだったかもしれない。

でも文章を書いたり、プログラミングやデザインをしたり、広告を考えたり、顧客をサポートしたり——そういう仕事の生産性は、もっとずっと複雑なものだ。

コピーライターの1時間あたりの生産ワード数を増やすことにこだわったところで、誰の得にもならない。

それよりも、最高にグッとくるコピーをひとつ生みだしてくれたほうがいい。そのほうが、みんな豊かになれる。

ひとり1万ドルの節約効果

リモートワークは、お金のためじゃない。

でも、結果としてお金が節約できるなら、それに越したことはない。コスト削減の話をすれば、頭の固い人間だって耳を傾けてくれるはずだ。

とくに経理や財務の人間を説得するには、お金の話が何よりも効果的だ。具体的な数字を見せれば、彼らの顔色が変わる。あなたは通勤から自由になれるし、相手もお金が節約できてハッピーになれる。

お金の話をするときは、大企業を例に挙げるといい。そのほうが、説得力が格段に増すからだ。

ここで超一流企業の代表格であるＩＢＭの事例を紹介しよう。

ＩＢＭは１９９５年からリモートワークを推し進め、オフィス面積を７８００万平方フィート（およそ７２５万平米）削減することに成功しています。不要となったオフィスのうち約７割は、19億ドルで売却しました。賃貸している分については別の企業に転貸し、10億ドルを超える賃料を得ました。アメリカだけで年間１億ドルの経費削減となっており、ヨーロッパでも同等かそれ以上の経費削減が実現されています。[3]

通勤のコストは１万ドル

数十億ドルの節約に、魅力を感じない人はいないだろう。日ごろからコピー用紙の節約を口うるさくいっている人ならなおさらだ。

しかも、得をするのは会社だけじゃない。会社がオフィスのコストを節約できる一方で、社員は通勤のコストを節約できる。ヒューレット・パッカード社の「テレワーク・カルキュレーター」[4]によると、SUV車で往復1時間の通勤をしている人の場合、トータルで年間1万ドルの節約効果が期待できる。

さらにいえば、環境に対するコストも大きく減らせる。先ほどのIBMの研究によると、2007年の1年間で同社は500万ガロン（1892万リットル）の燃料削減に成功し、二酸化炭素排出量を45万トンも抑えることができた。アメリカ以外の国も含めれば、この数字はもっと大きくなる。

会社はコストを削減できて、社員の出費は減り、地球環境にもやさしい。リモートワークは、いいことずくめだ。

オフィスをなくす必要はない

リモートワークの目的は、遠くに住むことじゃない。オフィスがいらないからといって、すぐにオフィスを売り払う必要はない。同じ場所にいなくていいからといって、社員がみんなバラバラの街に引っ越す必要もない。リモートワークの目的は、みんながいちばんやりやすいやり方で働くことだ。「こうしなければならない」という決まりはない。

さまざまな規模の会社が、自分たちにあった形のリモートワークをとりいれている。デザイナーズ家具のハーマンミラー社は、ナレッジとデザインの部門を完全にリモート化し、全米各地の10の都市で働けるようにした。オンラインコミュニケーションのジェリービジョン社では、全社員の10%を完全にリモートワーク化し、20%の社員は週の半分だけ自宅作業という形をとった。残りの70%の社員は、シカゴにあるオフィスに毎日通勤している。

1999年に37シグナルズを立ち上げたとき、僕らはシカゴに昔ながらのオフィスを構えた。当時のメンバー4人で使うために、立派な部屋を借りたのだ。

でも数年後には、それが割にあわないことに気づいた。場所は広すぎたし、家賃は高すぎた。それで僕らはオフィスを手放し、あるデザイン会社の一角に小さなスペースを

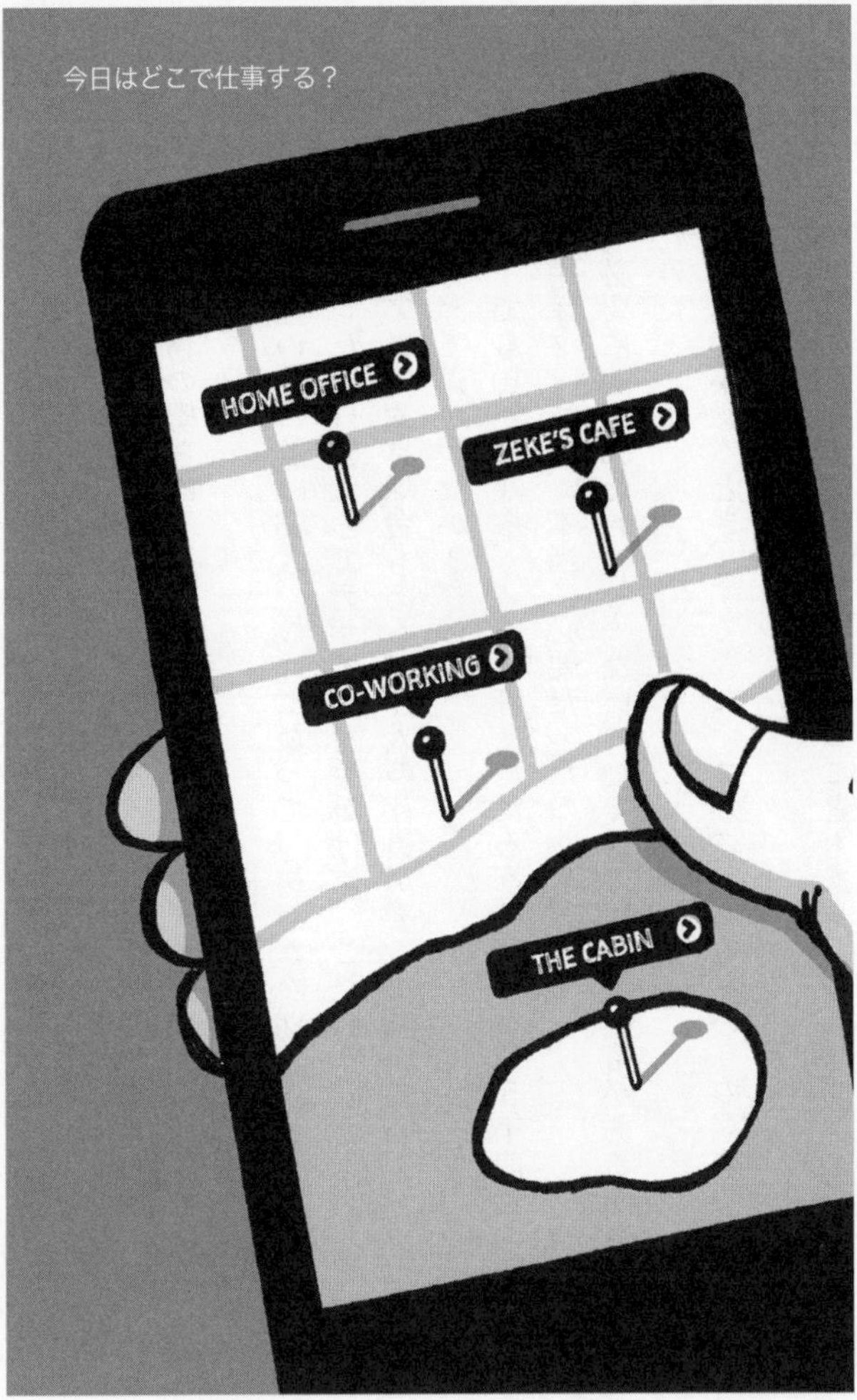
今日はどこで仕事する？
HOME OFFICE
ZEKE'S CAFE
CO-WORKING
THE CABIN

借りることにした。月に１０００ドルの家賃で、いくつかの机を使わせてもらったのだ。

まもなく社員の数は増えたけれど、とくに問題にはならなかった。コペンハーゲンに住んでいたデイヴィッドをはじめ、プログラマやデザイナーは世界各地で働いていたからだ。そして本社勤務の僕らは、それから10年近くもデザイン会社の片隅で快適な日々を送った。

現在、僕らの会社の社員数は36人。最近になって、シカゴのウエストループにオフィスを構えることにした。自分たちでデザインを手がけた、こだわりのオフィスだ。プレゼン用の小さなシアターや卓球台もある。10人の社員がそこで働いている。

オフィスをつくってよかったか？

答えはイエス。でも10年前なら、ノーと答えただろう。たぶん、5年前でもノーだ。

次の質問。専用オフィスは、本当に必要だったのか？

答えはノー。必要に迫られたわけじゃない。たくさん稼いで余裕があるから、ぜいたくをしているだけだ。

年に何度か全社員で集まるとき、すてきなオフィスがあるというのも悪くない。

業種によっては、豪華なオフィスが役に立つこともあるだろう。リッチなイメージを演出することに意味がある会社。たとえば広告代理店や法律事務所、エグゼクティブレベルの人材紹介会社などがそうだ。

顧客に好印象を与えるためにオフィスがあるのなら、見た目をとことん重視して立派なオフィスを構えればいい。

そして社員はそこに縛られず、家で効率的に仕事をすればいいのだ。

何を捨て、何を取るか

リモートワークという言葉に、うっとりしている人もいるだろう。行動の自由、自分の時間、十分なお金。それがすべて手に入るなんて、夢みたいだ。理想の働き方だ。

でも、ちょっと待ってほしい。リモートワークは魔法じゃない。何かを手に入れるためには、何かを捨てることが必要だ。すばらしい進歩は、必ずといっていいほど、何かを犠牲にして成り立っている。

何ごとにも、トレードオフはつきものだ。だからリモートワークの欠点についても、やはり知っておいたほうがいい。

得るもの、捨てるもの

〈欠点1〉仲間と顔をあわせる機会がなくなる

はじめのうちは、そのほうが気楽だと思うかもしれない。でもそのうちに、誰でも孤独を感じるようになる。いろいろなツールでコミュニケーションがとれるといっても、やはり顔をあわせて議論したほうがいい場面はあるだろう。

〈欠点2〉仕事モードの切り替えが難しい

会社にいれば、上司や同僚の目が気になって、仕事をしなければという気持ちになる。でも家で働くなら、自分で自分を駆り立てなくてはいけない。これは意外とたいへんだ。先延ばしするクセのある人は、相当気をつけないと納期に遅れてしまう。

それに、家事や育児をやりながら家で仕事をする場合、家庭と仕事の線引きが難しい。子どもは仕事中だろうとおかまいなしにこちらの注意を引こうとする。泣きわめき、面倒を起こす。それに夫や妻も、邪魔しているとは気づかずに、インターネットの興味深い記事を見せようと話しかけてくるかもしれない。

世の中には、100%いいことも、100%悪いこともない。

大切なのは、いいところを楽しみつつ、悪いところのダメージを減らしていくことだ。その方法は、あとでゆっくり紹介しよう。

会社は昔からリモートだった

あなたの会社も、気づかないところでリモートワークをすでにとりいれているかもしれない。

たとえば、弁護士や税理士。それに、給与計算などのバックオフィス業務や広報を外部の会社にまかせていることも少なくないだろう。

法務、会計、給与、広報。どれもビジネスに絶対欠かせない業務だ。これらがなければ、会社は成り立たない。そんな大事な仕事が、オフィスの外でおこなわれているのだ。会社のネットワークから切り離され、マネジャーの目も届かないところで。

それでも、業務はうまくまわっている。

この手のリモートワークはどこにでもあるし、誰も疑問を抱いたりしない。税理士がオフィスの外にいるからといって、危険だとか無責任だといって責める人はまずいない。

人事
会計
弁護士
給与計算
広告

昔ながらのリモートワーク

外部の人間には、安心してリモートワークをまかせているわけだ。

それなのになぜ、社員にリモートワークをさせるというと、みんな眉をひそめるのだろう。

弁護士が別の街で働いていても気にしないのに、自分の雇った社員がオフィス以外の場所にいると、どうして不安になるのだろう？

おかしな話だ。

さらにいえば、オフィスに勤務している人たちだって、実はリモートワークと同じようなことをしていたりする。すぐそこの席の人にわざわざメールを書いたり、メッセージを送ったり。あるいは集中のためにヘッドフォンをつけて外界を遮断してみたり。

そんなことをしているのに、わざわざオフィスに行く意味があるのだろうか？

会社のなかを見まわしてみれば、仕事が外部にだされている例や、対面のコミュニケーションが避けられている例はいくらでも見つかるはずだ。

会社というのはすでに、僕らが思っている以上にリモートな場所なのだ。

リモートワークの誤解を解く

ひらめきは会議室で生まれる？

みんなで机を囲み、その場で思いついたアイデアをどんどん重ねていく。ひらめきの波が伝わり、いつもより頭が冴えてくる。

あなたもきっと、そんな感覚を肌で知っていることだろう。

そういう「場」の魔法があることは事実だ。でもその魔法を起こすのに、物理的に同じ部屋にいる必要はあるのだろうか？

必要はある、と仮定してみよう。画期的なアイデアは、顔をつきあわせて話しあうところから生まれるのだ、と。

1997
2006
1996
2005
2011
1995
2000
2004
2010
1994
1999
2003
2009
1998
2008
1997

もし仮にそうだとしても、やはり疑問は残る。そもそも、ひとつの会社はどれくらいの画期的なアイデアを処理できるのだろう。それほど多くはないはずだ。

ほとんどの仕事は、すでにあるアイデアをさらに洗練させるプロセスだ。アイデアを形にし、より使いやすく磨き上げていく。それこそが、仕事の本質だ。

ひらめきの瞬間を期待してブレインストーミングばかりやっていると、みんな疲れはててしまう。新しいアイデアをだすということは、前回のすばらしいアイデアを捨てるということだからだ。あるいは、これから実現すべき仕事の数をいま以上に増やすということだからだ。

未消化の仕事があまりに増えすぎると、仕事の流れはよどんでしまう。

だから僕らの会社では、アイデアだしのミーティングをめったにやらない。最初の料理をちゃんと平らげてから、次の皿に手をだす。それが僕らのやり方だ。

僕らの会社で、全員が顔をあわせるのは年にたった3回程度。それでもちょっと多すぎるくらいだ。

「だけどやっぱり、すごいアイデアが降りてくる瞬間を逃したくないじゃないか」

そんなふうに思うなら、すこし冷静になったほうがいい。そもそも会議の場で「すごいアイデア」だと思ったからといって、本当にすごいアイデアであることは多くない。その場の興奮で、すごい気がしているだけだ。

それに、ひらめきの連鎖は会議室以外でも起こる。必要なのはたった2つ。音声がつながっていて、画面が共有できればいい。

たとえばオンライン会議ツールを使うと、リアル会議とほぼ変わらない感覚で会話ができる。会議室が100％再現できるとはいわないが（1％や2％のリアルさは失われる）、思った以上に違和感なく話しあいが進められるはずだ。

顔をあわせる会議には、たしかに価値がある。会議の数を減らせば、その価値はさらに高まるだろう。レアだからこそ、特別な時間が生まれるのだ。

顔をあわせるというぜいたくは年に数回だけにしておいて、それまでのあいだはいろいろなツールでしのげばいい。それでもきっと、十分すぎるほどのアイデアがでてくることだろう。

上司が見張っていないと仕事をさぼる？

多くの会社がリモートワークに二の足を踏むのは、社員を信頼していないからだ。

経営者やマネジャーはこんなふうに考える。

「自分の目が届かないところにいたら、みんな働かなくなるんじゃないか？　つねに会社にいて見張っていないと、みんなさぼって、1日中ゲームをしたり適当なサイトを見て遊びだすに決まってる！」

そんなあなたに、見たくない現実を教えよう。

ゲームやネットサーフィンがやりたいと思えば、会社にいても十分にできる。実際、多くの人が会社でゲームやネットサーフィンをしているという調査結果はたくさんある。たとえば大手百貨店のJCペニーでは、4800人の従業員を抱える本社のインターネット接続状況を調査した結果、トラフィックのおよそ30%がYouTubeの視聴に使われていることがわかった。[5]

会社に来ているからといって、つねに仕事をしているという保証はどこにもないのだ。

人は、周囲の期待にあわせて動く生き物だ。

「部下は怠け者だ」という前提でマネジメントをしていると、部下は本当に怠け者になる。逆に、放っておいても成果を上げられる一人前の大人として扱えば、部下は期待に応えようとしてすばらしい働きを見せてくれる。

ＩＴコレクティブ社のクリス・ホフマンは、次のように説明する。

「部下が信用できないなら、それは人材採用が正しくできていない証拠です。成果のだせない社員や、自分の作業スケジュールを管理できない社員は、会社に必要ありません。それだけの話です。我々はスキルの高いプロフェッショナルだけを採用します。自分のスケジュールを管理し、組織に貢献できる人間だけが生き残ります。わざわざ会社で子守りをする余裕はありませんから」

部下のことをつねに見張っていないと不安なら、それはマネジメントができていない証拠だといっていい。マネジャーではなく、ただの子守り。リモートワーク以前の問題だ。

でも、そこを勘違いしている人は意外と多い。たとえば生体認証のアキュレイト・バイオメトリクス社では、インターガードという監視ソフトを使って社員のコンピュータ画面を逐一見張っている。[6]

残念なことに、こうした傾向は徐々に広がっているようだ。インターガードの導入企

MARY
JOHN
DAN
ANNIE
STEVE
CHUCK
SANDY
FRED
SUE
みんな仕事してるかな？

業は1万社に達するといわれている。また有名調査会社ガートナーによると、2015年には企業に勤める人の6割が何らかの監視システムに見張られることになるという。

監視社会の到来だ。

シンプルに考えよう。あなたが上司なら、信頼できない部下を雇わないほうがいい。あなたが部下なら、信頼してくれない上司のもとで働かないほうがいい。

リモートワークをまかせられない人間に、何をまかせられるというのだろう。つねに見張っていないと仕事ができないダメ社員に、顧客と話をさせるなんておかしいじゃないか?

ヴァージン・グループ創設者のリチャード・ブランソンは、次のように語っている。

「他人と協力して仕事をするためには、おたがいに対する信頼が不可欠だ。信頼するということは、相手がどこにいようと関係なく、自分で仕事をやりとげてくれると信じることだ」[7]

もっと部下のことを信頼しよう。それが無理なら、別の人間を部下にしたほうがいい。

家には邪魔が多すぎる?

家には邪魔がたくさんある。テレビにプレステ、冷えたビールに山積みの洗濯物。そんな環境で、どうやったら仕事ができるっていうんだろう？

答えは簡単。やらなければならない仕事があるからだ。

人は誰だって、誘惑に負けることがある。そして無機質なオフィスにくらべれば、家のほうが誘惑が多いのは事実だ。でも、だから家で仕事ができないというわけじゃない。解決策を探せばいいのだ。

誘惑に負けないためには、まず何よりも、おもしろい仕事をすることだ。ただひたすらハンバーガーを焼くだけの仕事にはすぐに飽きてしまうかもしれないが、知的な仕事には大きなやりがいとおもしろさがある。

誘惑はある意味で、仕事がおもしろくないことを示すシグナルでもある。炭坑のカナリアのように、僕らが気づいていない異常を教えてくれるのだ。

つねに誘惑に負けそうになっているなら、仕事の内容を見直してみよう。そこには何かしらの欠陥が見つかるはずだ。タスクが明確でなかったり、単純作業ばかりだったり、プロジェクト自体に意味が感じられなかったり。

だから誘惑を感じたら、テレビやゲームに手を伸ばす前に「何かがおかしい」と声を

家の邪魔者
TOILET PAPER
会社の邪魔者
TPS REPORTS

上げよう。あなたが退屈を感じているなら、きっとチームの仲間も同じように感じているはずだ。

といっても、やりがいのある仕事があれば、かならず作業に集中できるというわけじゃない。わざわざ気の散る環境で仕事をしていれば、誘惑に負けるのも仕方ない。テレビの前でソファに座って仕事をしていたら、リモコンに手が伸びるのは当然だ。キッチンで仕事をしていたら、洗い物が気になってくる。

それを避けるためには、仕事専用の部屋をつくるといい。きちんとドアを閉めて、気が散らない環境をつくるのだ。

仕事部屋をつくるのが無理なら、家以外の場所で仕事をすればいい。リモートワークはどこでもできる。静かなカフェや図書館でもいいし、公園で仕事をしてもいい。

でも実際のところ、仕事をさぼる誘惑というのは、思っているほど問題にならない。長い休暇のことを思いだしてみてほしい。ビーチに寝転んだり、パリの街を散策したりするのは楽しいけれど、それも最初のうちだけだ。やがて飽きて、退屈してくる。何かやることがほしくなってくる。

人は、刺激を求める生き物だ。やりがいのある刺激的な仕事なら、いわれなくてもやりたいと思う。そういうものだ。

もちろん、仕事にやりがいも刺激も感じられないなら、やる気をだすのは難しい。そんなときはリモートワークを見直すよりも、まず転職を考えてみよう。

セキュリティを守るにはオフィスが必要？

「インターネットは危険」と思い込み、社員のインターネット利用を厳しく制限する一方で、経営陣は暗号化されていないノートパソコンに機密情報をたっぷりつめこんで持ち歩く。そんな会社は、意外と多い。

どんなに高い城壁を築いても、門が開けっぱなしなら意味はない。

セキュリティはとても重要な問題だ。ただし、ほとんどの問題については、解決策がちゃんと用意されている。そうでなければ、誰もオンラインで銀行振込をしたり、アマゾンにクレジットカード情報を入力したりしない。

僕らの会社では、セキュリティの基準として次のようなチェックリストをつくり、すべての社員に遵守させている。

（1）ハードディスクはかならず暗号化する

暗号化ソフトを使って、ハードディスクを暗号化しておく。たとえばＭａｃなら、デフォルトで入っている「FileVault」という暗号化ソフトを使えばいい。暗号化しておけば、ノートパソコンをなくしても、ちょっと困るだけで大問題にはならない。もしも暗号化していないマシンを紛失した場合、全社で早急にパスワードを変更したり、漏洩した可能性のある情報を特定したりと大騒ぎになる。

（2）自動ログインを使わない

スリープから復帰するとき、かならずパスワードを要求するように設定する。また、10分ほど使っていないときには自動でロックがかかるようにしておく。

（3）ウェブサイトを見るときは、暗号化通信を使う

サイトの閲覧は、かならず暗号化された通信（ＳＳＬやＨＴＴＰＳ）でおこなう。アドレスバーの最初のところに鍵マークがついていれば、暗号化されているという意味だ。とくにＧｍａｉｌなど大事な情報を扱うサイトの場合、これを守らないと命取りになる。

（4）スマートフォンやタブレットにはパスワードをかける

画面ロックの解除にはかならずパスワード入力が必要なように設定する。さらに紛失にそなえて、遠隔操作でデータを消せるようにしておく。iPhoneなら「iPhoneを探す」機能をオンにしておけば、離れたところからデータを消去できる。

このルールは、個人所有を含めたすべての端末に徹底しなくてはならない。スマートフォンやタブレットから仕事メールやプロジェクト管理ツールにアクセスすることは避けられないからだ。そうした端末はパソコンと同じくらい慎重に扱う必要がある。

（5）パスワードは長くて複雑なものにする

パスワードは十分に長くて複雑なものにする。それぞれのサイトに別々の複雑なパスワードを設定し、頭で覚えるかわりに「1Password」などのパスワード管理ソフトを使って管理するといい。[8]

「123456」のような覚えやすいパスワードは、すぐに破られてしまう。一方、複雑にしようとして「UM6vDjwidQE9C28Z」のようなパスワードをがんばって覚えたとしても、すべてのサイトで使いまわすのでは意味がない。ひとつのサイトでパスワード情報が漏れたら、ほかのあらゆるサイトにアクセスされてしまうからだ（そういう事件は世の中でしょっちゅう起こっている）。

（6）Ｇｍａｉｌの２段階認証を利用する

Ｇｍａｉｌの２段階認証を設定し、パスワードと携帯電話の２つがなければログインできないようにする。そうしておけば、誰かにパスワードを知られたとしても、すぐにメールを盗み見されることはない。

メールのセキュリティは最重要。メールアカウントにさえログインできれば、それを使ってほかのあらゆるサイトにログインできるからだ。「パスワードを忘れた」ボタンを押せば、パスワード再設定の情報がそのメールアドレスに送られてくる。あとは何でもやり放題だ。

セキュリティはとても複雑な問題だし、セキュリティのプログラムをつくるのはとても高度な仕事だ。

でも、それを利用するのは難しくない。ちょっと時間をとってセキュリティの基礎知識だけ学んでおけば、わけのわからない不安にビクビクしなくてすむのだ。

現代人にとって、セキュリティは基本的なマナー。シートベルトをしめるのと同じように、自分の情報を守るくらいはしておこう。

顧客対応ができなくなる？

顧客が電話やメールで問いあわせをするとき、一般的な営業時間内なのに返事がないとイライラするだろう。その会社がどこにあるか、何時に働いているかといったことは、顧客には関係ない。だから返事をするしかない。

でも、一定の線引きをすることは可能だ。たとえばジェリービジョン社では、顧客である大企業に対して、ミーティングは午前10時以降にセッティングするようお願いしている。10時以降なら、時差のある社員も含めて対応しやすいからだ。

たまには時間外の電話対応が必要になるかもしれないが、オフィスワークの不便にくらべればずっとマシだ。

僕らの会社はシカゴに拠点があるので、サポート担当者はシカゴの通常営業時間にあわせて働いている。といっても、サポートの人間が全員9時から5時までオフィスにい

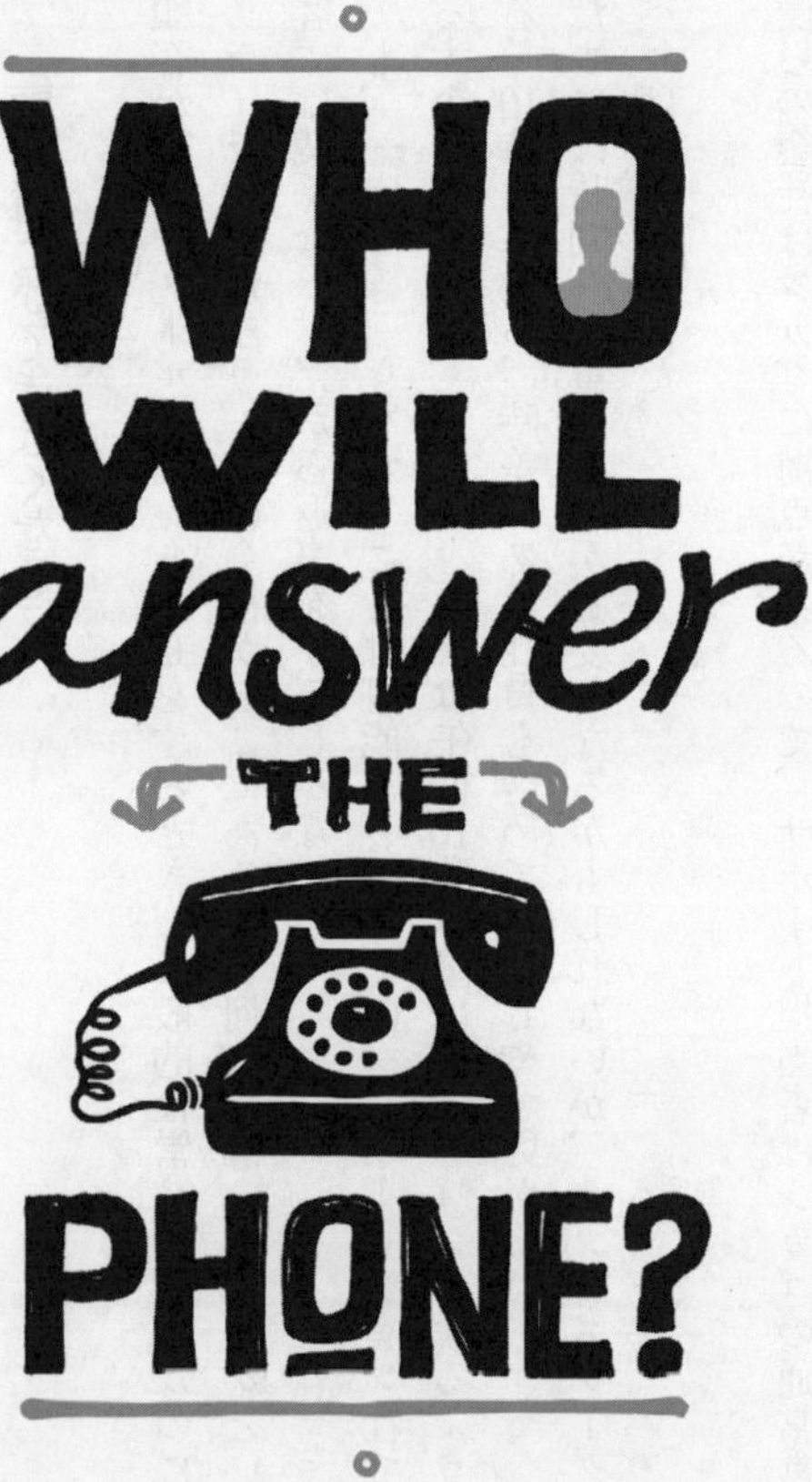
WHO
WILL
answer
THE
PHONE?

電話番がいなくなる？

るわけじゃない。午前6時から午後2時まで仕事をする人もいれば、午前8時から午後4時、あるいは午前11時から午後7時というふうに、すこしずつ時間をずらしている。こうすれば、1日中誰かがオフィスにいることになるし、通常の営業時間より早い時間や遅い時間もいくらかカバーできる。

もちろん、小さな会社でこれをやるのは無理があるかもしれない。カスタマーサポートの担当者が1人か2人しかいないなら、通常のビジネスアワーにあわせて勤務してもらうほうがいいだろう。でも、だからといって、社員全員がその時間にあわせる必要はない。

正当な理由もなく「公平」にこだわっていたら、みんなが損をするだけだ。

リモートワークには多少の不便はあるし、ときには割を食う人もいるだろう。あらゆる人のあらゆる望みをかなえることは不可能だ。それでも、より多くの人に、より快適な暮らしを提供することは可能だと思っている。

大企業はそんなことやってない？

世の中の大企業は、驚くほど古くて非効率なやり方のまま、何年も生き残っている。既得権益という武器があるからだ。いったん巨大な牧場をつくって立派な柵をこしらえたあとは、無駄にたくさんいる見張り番たちがダラダラしていても、それなりに儲けは確保できる。

逆にいうと、昔ながらの大企業のやり方を見ていても、生産性については何も学べないということだ。

イノベーションというものは、これまでのやり方をぶち壊すためにある。ちがうやり方をしなければ、既存の大企業に太刀打ちできるわけがない。

だから、どこかの巨大な多国籍企業がリモートワークを禁止したからといって、まったく気にする必要はないわけだ。むしろ、彼らが古いやり方にこだわってくれるほうが、僕らにとってはありがたい。そのほうが、こちらに勝ち目があるからだ。

もしもあなたが大企業で働いているなら、このことを利用しない手はない。大企業はたいてい、足並みそろえることが大好きだ。だから業界の中で抜きんでるには、ほかとちがうことをやればいい。

必要なのは、自信を持つこと。業界の大物たちが既存のやり方を賛美しているなかで、

古いやり方、新しいやり方

「自分のやり方のほうがスマートだ」と信じることだ。

新しいアイデアはいつも、そうやって生まれてくる。はじめはただの異端児だが、すぐれたやり方はやがて世の中に広く浸透する。

リモートワークも、そういうアイデアのひとつだ。近いうちに、リモートワークは当たり前の働き方になるだろう。でも、みんながやるまで待っていたら、せっかくのアドバンテージを失ってしまう。

既存のやり方を壊すのは、もちろん簡単なことじゃない。ラクして常識を変えるなんてことはありえない。

しかし大企業のなかにも、新たなやり方に挑戦している先駆者はいる。IBMにアクセンチュア、eBayなど、超有名な大企業たちが続々とリモートワークを取り入れているのだ。

さあ、あなたはいつはじめる?

社内に不公平が生まれる?

「週に何日かでいいから、家で仕事をさせてくれませんか？」

上司にそう頼んだとき、いちばんよく返ってくる答えは、「不公平になるからできない」というものだ。ひとりがやりだしたら、ほかの人もやりたがる。みんな公平に横並びで、不便かつ非生産的なやり方に甘んじなさいというわけだ。

でも、なぜ我慢する必要がある？　みんながリモートワークをやりたいなら、みんなでリモートワークをすればいいじゃないか。

そもそも大事なのは、全員を決まった席に決まった時間だけ縛りつけておくことだろうか。それとも、全員がうまく成果をだせるようにすることだろうか。もしも後者が大事なら、好きなやり方で働いてもらったほうがいいに決まっている。場所と時間で評価するのではなく、仕事の内容でその人を評価すればいい。

もちろん仕事の内容によっては、決まった場所にいたほうがいい場合もある。倉庫にある商品を発送する仕事なら、倉庫にいるのがいちばん効率的だ。というか、家で働くのは不可能だ。

だからといって、倉庫担当以外の人間を会社に縛りつけておく必要がどこにあるのだろう？

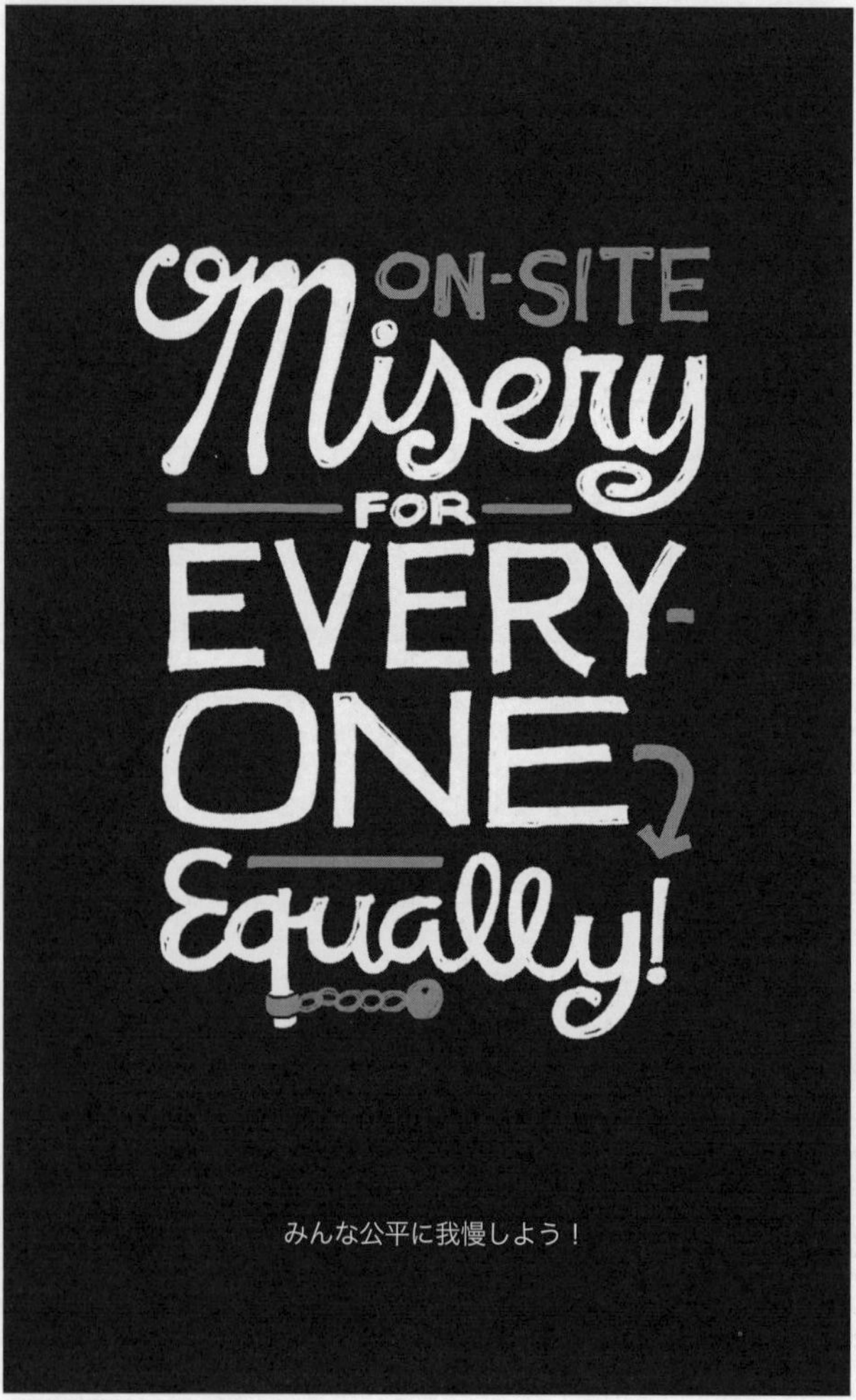
ON-SITE
Misery
FOR
EVERY-
ONE
Equally!

みんな公平に我慢しよう！

発送担当者と経理担当者では、仕事の内容がまったくちがう。仕事の内容がちがうなら、やり方もちがっていいはずだ。何もおかしなことじゃない。

「みんな公平でなければダメだ」といわれたら、もっと大きなビジョンを提示しよう。個人よりもチームで成果を上げるために、それぞれのポジションに最適なやり方を見つけたいのだと伝えよう。チーム全体としての生産性を最大限に高め、みんなが納得して働けるのは、どんなやり方だろうか。

そうやって説明すれば、きっと上司の心もすこしずつ開いてくるはずだ。

企業文化が崩れてしまう？

企業文化とは、何だろう。

それは別に、オフィスに卓球台があることではないし、盛大なクリスマスパーティーで羽目を外すことでもない。そういうのは文化ではなく、ただの遊びだ。

企業文化とは、社内のみんなに共有された意識や行動のことだ。何に価値を置くかという、根本的な考え方だ。

文化は仕事がつくる

たとえば……

・**顧客に対する姿勢**――つねに顧客のいうことを聞くべきか？
・**求める品質レベル**――まともに動くものか、完璧に動くものか？
・**社員同士の話し方**――お世辞や社交辞令を使うか。怒鳴ることは許されるか？
・**仕事をする量**――徹夜してがんばるか、金曜日はみんなで休むか？
・**リスクのとり方**――一か八かの賭けにでるか、安全にゆっくりと成長するか？

ここに挙げた例は、あえて単純化している。ほとんどの企業は、白か黒かではなく、その中間のどこかに落ち着くだろう。だとしても、中間のどこに位置するのかは意識しておいたほうがいい。

こうした価値観の組みあわせが、その企業特有の文化になるからだ。

社員をつねに見張っていないと不安なのは、企業文化が弱いせいだ。

企業文化が強く浸透していれば、手取り足取り教えたり、いちいち見張ったりする必要はない。メンバーはみんな自己管理ができていて、放っておいても企業の方向性に見合ったやり方で成果をだしてくれる。だから、席にいようとどこにいようと関係ない。

みんなで会議室に集まって企業文化を考える必要なんかない。文化とは壁に貼られた社訓ではなく、1人ひとりの具体的な行動にこそ表れるからだ。

新入社員は、先輩たちがどのように意思決定しているかを見て学ぶ。何を重視し、どうやって問題解決するかを観察している。日々の判断や行動こそが、企業文化になっていくのだ。

企業文化というものは、社員同士のなれあいからは生まれない。寄り集まって話をしていれば文化が生まれると思ったら、大まちがいだ。

リモートワークをやってみれば、そのことがよくわかる。幻想を捨て、現実的に動きだそう。和気あいあいのオフィスを離れたとき、本当に必要なことが見えてくる。

いますぐ質問できないと困る？

みんなでひとつのオフィスにいると、いつでも質問できるという空気ができあがる。

相手の都合にはおかまいなく、集中モードの最中に「ちょっとすいません」といわれて作業を中断。ようやくまた集中モードに入っても、別の誰かに質問される。

オフィスで仕事が進まない、最大の原因だ。

みんながこういう働き方に慣れてしまうと、聞きたいことをすぐ聞けない環境にフラストレーションを感じるかもしれない。どんなささいな質問でも、思いついた瞬間に答えを聞かないと気がすまなくなってくる。

質問したい相手が目の前にいないなんて、考えられないというわけだ。

でも考えてみてほしい。

その質問は、本当に緊急なのだろうか？

いますぐ知らなくてもいいことのために、誰かの貴重な時間を無理やり奪うなんて、このうえなく失礼な行為だ。緊急の質問もあれば、いつでもいい質問もある。まずはその区別をはっきりさせることだ。

そのうえで、数時間待てる内容の質問なら、メールで投げておく。数分以内に返事がほしいなら、インスタントメッセージ。本当に一分一秒を争う緊急事態なら、電話をかけて作業を中断させればいい。

緊急の用件です！
ASAP
ASAP
ASAP
ASAP
ASAP
AS
AP!
ASAP
ASAP
ASAP
ASAP
ASAP
ASAP

こうやって優先度を分けてみると、だいたい80％の質問はそれほど急ぎではないことに気づく。わざわざデスクに行って声をかけるより、メールで送ったほうがいい内容だ。それに、メールならやりとりの履歴が残るので、いつでも検索して確認できるというメリットもある。

15％ほどの質問は、チャットやインスタントメッセージで処理することになるだろう。チャットで長文を書くのは面倒なので、やりとりが手短になる。直接話していたら15分かかる内容でも、チャットなら3分ですむかもしれない。

そして残りの5％が、本当に緊急の問題だ。これについては、電話を使う。たしかにボディーランゲージは伝わらないが、気にするほどのことでもない。ややこしいレビューや、誰かを解雇するといった話でもないかぎり、言葉さえ伝わればコミュニケーションはうまくいく。

以上のルールを、チーム全員に徹底しよう。

最初の数日間は、すぐに返事がもらえない状況に戸惑うと思う。「いますぐ返事がほしい病」に脳がどっぷりつかっているからだ。メールで質問を送っても、返事が10分以内にこなかったらイライラしてしまうかもしれない。

でもいったん慣れてしまえば、あまりの快適さに驚くはずだ。むしろ、四六時中誰かに質問される環境で仕事していたこと自体、信じられなくなるだろう。まるで禅のような静謐《せいひつ》さ。急げ急げと騒ぎ立てる混乱は消え、相手の準備ができたタイミングで自然に答えが返ってくる。

そのように落ち着いた環境なら、仕事の効率も一段とアップするはずだ。

ボスの存在意義がなくなる？

リモートワークに反対する上司が、ひそかに心配していること。それは、部下をコントロールできなくなることだ。

軍隊を見渡し、声をかぎりに「攻撃開始！」。兵隊たちはそれを合図に、一斉に弓を射る。そんな古典的なリーダー像は、いまでも人びとの心の奥に根づいているようだ。

軍隊気どりの上司は、意外と多い。そこに上司としてのアイデンティティを見いだしているのだ。

彼らにとって、直属の部下を持つということは、すなわち直接目で見える場所に部下

を置くということだ。「俺の目が届くところにいれば、おかしなことはしないだろう」と彼らは思っている。

そういう強固な思い込みを変えさせるのに、論理的な説得はあまり意味がない。すこしずつ実践して、新しいやり方に慣れてもらうしかない。恐怖症の治療にも似たプロセスだ。

クモが怖い人に、「クモを恐れる必要はありません」といってみても役に立たない。すこしずつクモに近づかせてみて、本能的な不安を減らしていくことが必要だ。論理的に説得するだけでは、心の奥の気持ちは変えられない。

部下が目の前にいないことを上司が不安に感じるなら、まずはすこしずつ目の前にいない時間を増やしていくことだ。

たとえば週に1日だけ在宅勤務をとりいれて、部下が目の前にいなくても会社はつぶれないことを実感してもらう。会社がつぶれないどころか、いつもよりパフォーマンスが上がっているところを見てもらう。

慣れてきたら、週に2日、3日、と増やしていけばいい。だんだん時間もフレキシブルにしていき、気づいたころにはどこか遠くの街に引っ越してしまう。それでも、仕事はいつも通りにまわっている。

まあ実際は、そんなふうにうまくいくとはかぎらない。すぐれた精神科医だって、クモ恐怖症の治療に失敗することはある。素人なら、なおさらだ。

でも相手を理詰めで追い込むより、こちらのほうが効果的なことはまちがいない。自分の上司を無理やり追い込んだりしたら、手痛い仕返しを食らうことになるだろう。

心に深く根づいた不安をとりのぞくのは、簡単なことではない。この本に書いてある理屈を全部並べても、やっぱりうまくいかないこともある。

あまりに相手が頑固なら、さっさと荷物をまとめて、もっと働きやすい会社に移ったほうがいいかもしれない。

せっかくのオフィスがもったいない？

「せっかく用意したオフィスが、もったいない」

リモートワークを否定する意見のなかで、いちばんバカバカしいのがこれだ。

立派なオフィスを構えるほど成功している企業の上司なら、サンクコスト（埋没費用）という言葉の意味はよく知っているはずだ。ただし、なかには勘と本能だけで成功

せっかくのオフィスがもったいない！

してきた人もいるかもしれない。念には念を入れて、サンクコストのことをおさらいしてみよう。

サンクコストとは、すでに支払ってしまったお金のことだ。オフィスの購入や家賃に支払ったお金は、もう二度と戻ってこない。オフィスを使おうと使うまいと、同じことだ。

使っても使わなくても同じなら、考えるべき点はただひとつ。オフィスで働いたほうが成果が上がるかどうか、それだけだ。

数字で説明しろといわれたら、こうするといい。

メモ用紙を1枚取りだして、数字を書いてみよう。まずはオフィスで仕事に集中できる時間を、5時間とする（だいぶ多く見積もった数字だ）。そして、家で仕事に集中できる時間を、6時間とする。そうすると、家で働いたほうがオフィスで働くよりも20％生産性が高いという結論が導きだされる。

説明は以上。実に単純明快じゃないか？

うちの会社には向いてない？

THAT'S FINE FOR YOU, BUT NOT US.
BIGCORP
うちの会社には向いてないよね

リモートワークの話をすると、こんなふうに一蹴されることがある。

「いいと思うけど、僕らの業種にはあわないな」

「小さい会社ならいいけど、うちの規模になるとさすがに無理だよ」

でも、本当にそうだろうか？

リモートワークに向く業種は、思ったよりもたくさんある。ほんの一例を挙げてみよう。

- 経理／会計
- 金融
- 広告
- コンサルティング
- カスタマーサービス
- 保険
- デザイン
- ハードウェア
- 映画製作

・行政
・法律
・マーケティング
・人材紹介
・ソフトウェア

また、小規模な会社にしかあわないと考えるのもまちがいだ。
たとえば医療保険大手のエトナ社は、3万5000人の従業員のうちおよそ半数を在宅勤務にしている。また世界最大規模の会計事務所であるデロイト社では、従業員の86%が、少なくとも勤務時間の20%をリモートで働いている。あの有名企業インテルでも、従業員の82%はリモート勤務者だ。

政府系機関でさえ、リモートワークを広く取り入れている。アメリカでは、特許商標庁職員の85%、NASA職員の57%、環境保護庁職員の67%が（完全にではないにせよ）リモートで働いているのだ。

リモートワークを取り入れている企業の例を、左のとおり従業員数別に挙げてみた。[9]

リモートワークが向かない会社は、実はそれほど多くない。

リモートワーク導入企業例（業種）	
従業員数1万名以上	AT&T（通信） ユナイテッドヘルス・グループ（医療） マッキンゼー・アンド・カンパニー（コンサルティング） インテル（IT） SCジョンソン（メーカー） エトナ（保険） シスコ（IT） デロイト（会計） HSBC UK（金融） ブリティッシュ・テレコム（通信） ユニリーバ（消費財） エクスプレス・スクリプツ（薬剤給付管理）
従業員数1000〜1万名	メルセデス・ベンツUSA（自動車） ティーチ・フォー・アメリカ（教育） プランテ・モラン（会計・コンサルティング） ドリームワークス・アニメーションSKG（アニメ製作） パーキンス・クーイ（法律） アメリカン・フィデリティ・アシュアランス（保険） 米国教育省（行政） ヴァージン・アトランティック（航空） ブロケード・コミュニケーションズ・システムズ（IT）
従業員数1000名以下	GitHub（ソフトウェア） ライアン（税務） オートマティック（ウェブ開発） MWW（広報・PR） コニー（モバイルアプリケーション） テキストマスター（翻訳・コピーライティング） BeBanjo（オンデマンド配信） ブライトボックス（クラウドホスティング） HE:labs（ウェブ開発） フォトリア（画像素材） フリーエージェント（経理ソフト） プルーフ・ブランディング（ブランディング・デザイン）

「うちの業界にはあわない」などと思い込んで、チャンスを逃さないように気をつけよう。

リモートのコラボレーション術

コアタイムを決める

リモートワークを成功させるコツは、共通のコアタイムを決めることだ。完全に勤務時間を自由にすると、メールの返事を翌日まで待たなくてはならないこともある。それでも仕事はまわるかもしれないが、不便なことは否めない。

僕らの経験上、毎日4時間はみんな同じ時間に働いたほうがいい。そうすればコミュニケーションもうまくいくし、チームの一体感がでてくるからだ。

といっても、簡単にそれができるとはかぎらない。

同じ街で働いているなら問題ないけれど、たとえばシカゴとコペンハーゲンでチームを組む場合、時差が問題になってくる。そこで僕らの会社では、通常よりいくらかずらしたコアタイムを設定した。

コペンハーゲンのコアタイムは、現地時間の午前11時から午後7時まで。シカゴのコアタイムは、午前8時から午後5時までだ。こうすれば、ちょうど4時間は同じ時間帯に仕事ができる。

1日の半分だけしかコミュニケーションができないけれど、それはそれで意外とうまくいく。実をいうと、そのほうがずっと仕事がしやすいくらいだ。

なんといっても、朝から晩まで質問や割り込みに対応しなくてすむのが助かる。仕事の前半（または後半）を、じっくりと自分の作業にあてられるのだ。それに、こういうスケジュールなら、朝か夜に自由な時間がたっぷりとれる。その時間を家族とすごしてもいいし、趣味に打ち込んでもいい。早朝や夜のほうが仕事に集中できるという声も多い。

上海とロサンゼルスのように時差が大きすぎる場合は、同じ時間に働くことは無理かもしれない。そうなったら、リアルタイムのやりとりはあきらめるしかない。

ただし、できればそれは避けたほうがいいと思う。コミュニケーションがとれないデ

共通のコアタイムをつくろう

メリットが大きすぎるからだ。なかにはうまくやっている会社もあるけれど、コストに見合うだけのメリットがないとやっていけない。リアルタイムのコミュニケーションを犠牲にしても、十分に価値があるかどうかを考えてみよう。

単に人件費を節約するという目的なら、地球の裏側とコラボレーションするのはやめたほうがいい。すれちがいによるコストのほうが大きくなるからだ。

もしも地球の裏側にすばらしい才能の持ち主がいるなら、検討してみる価値はある。

同じ画面を見つめる

リモートワークに対する大きな誤解のひとつは、相手の作業内容が見えないというものだ。

ひと目見ればわかることを、電話越しに何分もかけて説明する。うんざりする作業だ。でもありがたいことに、世の中には離れた場所でのコラボレーションを助けてくれるツールがたくさんある。遠隔地と画面を共有して、同じものを見ながら話しあうことができるのだ。これならプレゼンも問題なくできるし、ウェブサイトの変更点をひとつひとつ確認することもできる。フォトショップで一緒に画像をつくったり、テキストファ

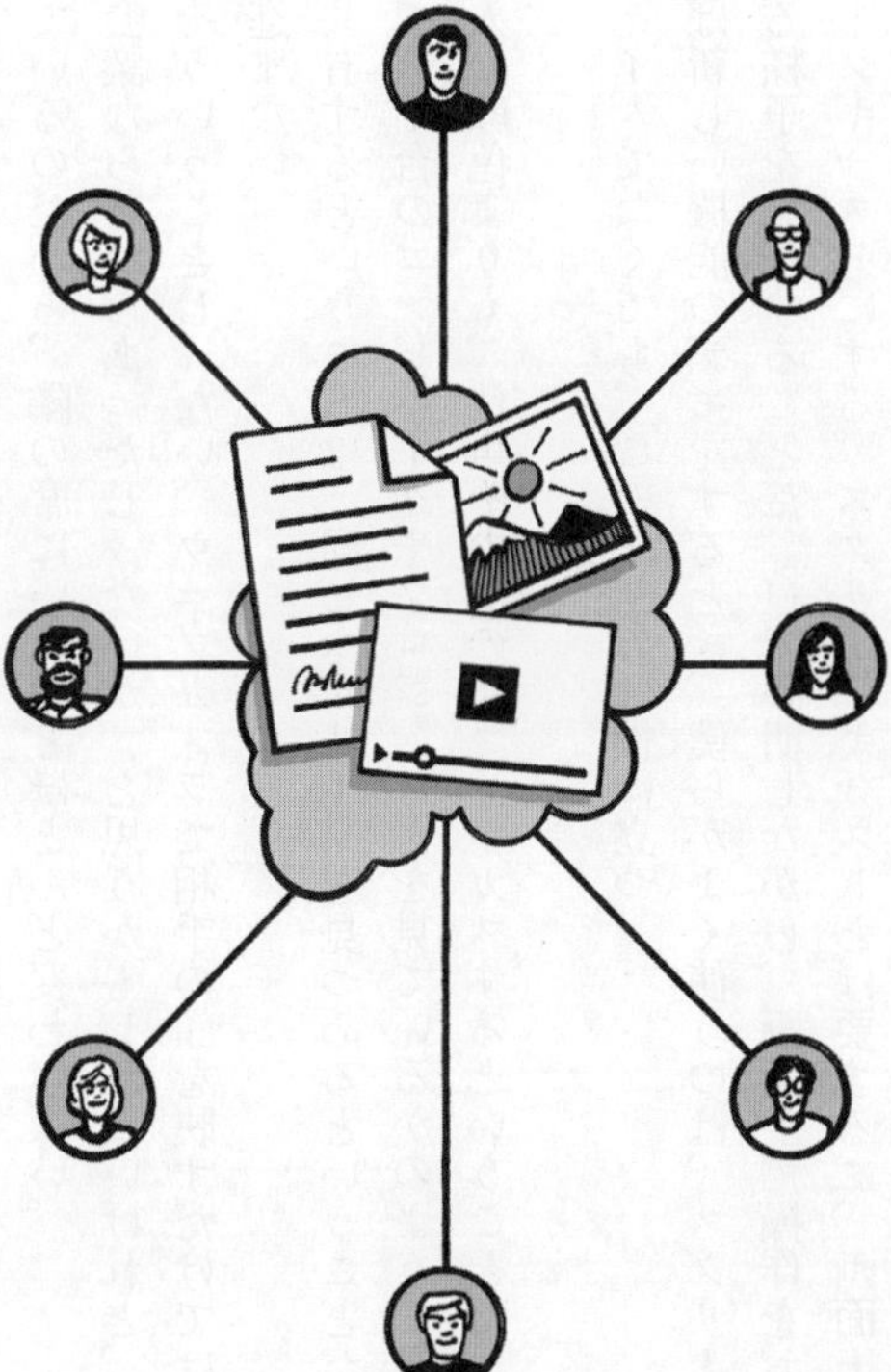

イルを見ながら一緒に編集したりすることも可能だ。

慣れてしまえば、同じ部屋にいるのと同じ感覚で作業ができる。リアルタイムに同じものを見ているのだから、隣の席にいるのとほとんど変わらない。

「ビデオ会議なら昔からあったじゃないか」と思うかもしれないけれど、僕らがいっているのはそういうことじゃない。ウェブカメラで相手の顔を映すだけでは、コラボレーションは進まない。

画面を共有するということは、同じスクリーンを見つめるということだ。まるで相手が隣にいて、1台のコンピュータやプロジェクタを見ているかのように作業ができる。つまり人の顔色よりも、仕事そのものにフォーカスするということだ。

リアルタイムでなくても、このやり方は役に立つ。

たとえば新しい機能のデモをするとき、僕らがよく使うのは、スクリーンで実際に動かしている様子を記録することだ。口で説明しながら、画面上で操作をおこない、それをスクリーンキャストにする。スクリーンキャストとは要するに、画面上に見えるものをそのまま動画にしたものだ。この動画を再生すれば、誰かが隣で操作してくれているような感覚で説明を受けられる。

新機能のデモだけでなく、売上状況の報告やマーケティング戦略の説明など、使い道はさまざまだ。

そんな最新のテクノロジーなんて、自分には使いこなせないと思うだろうか？　でも安心してほしい。そうしたツールの使い勝手は、驚くほど簡単になっている。コンピュータが苦手な人でも、難なく使いこなせるはずだ。

Ｍａｃなら、コンピュータにもともと入っているアプリケーションだけでスクリーンキャストを撮ることが可能だ。クイックタイムを立ち上げ、ファイルメニューから「新規画面収録」を選ぶだけでいい。あとは内蔵マイクに向かって説明しながら画面を操作すれば、立派なスクリーンキャストのできあがり。みんないつでも同じ画面を見て、同じ説明を聞くことができる。

スクリーンキャストなんて、軽い気持ちでどんどんつくってみればいい。立派な映像作品をつくろうと思うと面倒だが、ちょっとしたメモ程度ならすぐにできる。いいまちがえてもそのまま続ければいい。

情報を伝えるには、それで十分すぎるくらいだ。

情報を閉じ込めてはいけない

「次の作業は何？」

「明日のプレゼンの資料どこにある？」

「ジョンは来週手が空いてるのかな？」

「スコットから新しいモックアップ届いてる？」

日々のよくある質問だ。同じオフィスで同じ時間に働いていれば、誰かがすぐに答えてくれる。でもリモートで働いていると、答えを手に入れるのにものすごく苦労するかもしれない。そうならないために、しくみをきちんと整備したほうがいい。

大切なのは、必要な資料や情報を、いつでもみんなの手の届くところに置いておくことだ。

ロンドン勤務の人が次にやるべき作業を知りたいと思ったら、その場で確認できたほうがいい。シカゴのみんなが仕事を開始するまで5時間も待っていたら、半日以上が無駄になる。

そんなことが何度かつづいたら、「リモートワークは仕事の邪魔だ」と思われても仕

ポートランド／ヘルシンキ

方ない。

でも、この問題は簡単に解決できる。ツールを使えば、9割方はうまくいくはずだ（残りの1割は、コミュニケーションしようという姿勢）。

僕らの会社がベースキャンプという製品をつくったのも、この問題を解決したいと思ったからだった。必要に迫られてつくったツールが、最初の製品になったのだ。

ベースキャンプでは、必要なファイルをすべてひとつの場所で集中管理できる。資料や議事録、TODOリストなど、あらゆるファイルがどこからでもアクセス可能になる。

さらに僕らは、ベースキャンプをGitHubとリンクできるようにした。GitHubは共同作業のためのバージョン管理ソフトで、ここにソースコードを保管しておけば、みんないつでも最新のコードにアクセスできる。コメントをやりとりする機能もあるので、それほど急がない修正内容（数時間や数日単位）については、ここで話しあいを進めることも可能だ。

さらにカレンダーを共有すれば、メンバー全員のスケジュールが一目瞭然。誰がいつ産休から帰ってきて、誰が休暇にでかけるのかといったことが、ひと目で確認できる。大きな企業なら、チーム単位で別々のカレンダーをつくって共有してもいいだろう。

最近では、チームでファイルや予定を共有するためのツールが大量に登場してきた。ドロップボックスで簡単にファイルを共有したり、セールスフォースで最新の見込み客情報を共有したり。多くの会社が、すでにこれらを取り入れている。

ポイントはとにかく、重要な情報を個人のコンピュータに閉じ込めないこと。情報をオープンにしておけば、袋小路に迷い込むこともない。

バーチャルな雑談の場をつくる

リモートワークは、仕事の効率を劇的に上げてくれる。余計な邪魔が入らないので、いくらでも作業に集中しつづけることが可能だ。

でも、あまりに長時間仕事をしていると、誰だって疲れてしまう。8時間ぶっつづけで働いていたら、効率は逆に落ちていく。人には休憩が必要なのだ。

そんなとき、チームの仲間と雑談ができれば、いい息抜きになる。そこで僕らが取り入れたのは、バーチャルに雑談ができるしくみだ。

僕らの会社では、キャンプファイアというチャットツールを使って雑談を実現してい

バーチャル休憩室をつくろう

る。IRCというツールを使っている会社もよく見かける。どちらも考え方は同じで、1日中開いているチャットルームをひとつ用意し、いつでもみんなが立ち寄れるようにするというものだ。

息抜きがしたくなったら、チャットをのぞいてみればいい。みんな適当なことをつぶやいたり、ネタ画像を上げたり、冗談をいったりしている。仕事の質問が交わされることもあるけれど、基本的には仲良くコミュニケーションするための場だ。

こうしたチャットのいいところは、気が向いたときだけ見ればいいということだ。仕事に疲れてきたら、チャットにつないでみる。仕事に戻りたくなったら、離れればいい。使い方は自由。お気に入りのネコ画像で同僚をなごませてもいいし、時事問題について話しあってもいいし、昨日のドラマの感想を交わしてもいい。喫煙所の雑談と同じだ。何かイベントがあると、チャットもいっそう盛り上がる。たとえばアップルの新製品が発表される日には、みんなチャットルームに集まってわいわいやっている。

リモートで働いているからといって、孤独になる心配はない。それどころか、自分の好きなだけ雑談をすることが可能だ。自分にとってちょうどいいときに、ちょうどいい時間だけ雑談ができる。

時間の無駄に思えるかもしれないが、同僚と一緒に無駄な時間をすごすことも人生には必要だ。やってみて損はない。

進み具合を共有する

みんなと一緒にオフィスで働いていれば、社内のできごとはだいたい耳に入ってくる。朝のコーヒーを淹《い》れながらうわさ話をしたり、ランチに行って最新情報を仕入れたり。黙っていても情報はどんどん入ってくる。

少なくとも、そんなふうに感じられる。だからみんな安心できる。

でもリモートで働いていると、まわりの様子が見えないことがある。プロジェクトマネジャーからのメールには関係者の進捗が書かれているけれど、それはあくまでもプロジェクトマネジャーとしての見方だ。チームの一体感を強めるためには、みんながおたがいの様子を知っておいたほうがいい。

僕らの会社では、週に一度「最近やっていること」というテーマで話しあいの場を設けている。全員が、この1週間でやったことと翌週にやることを手短に書き込んでいく

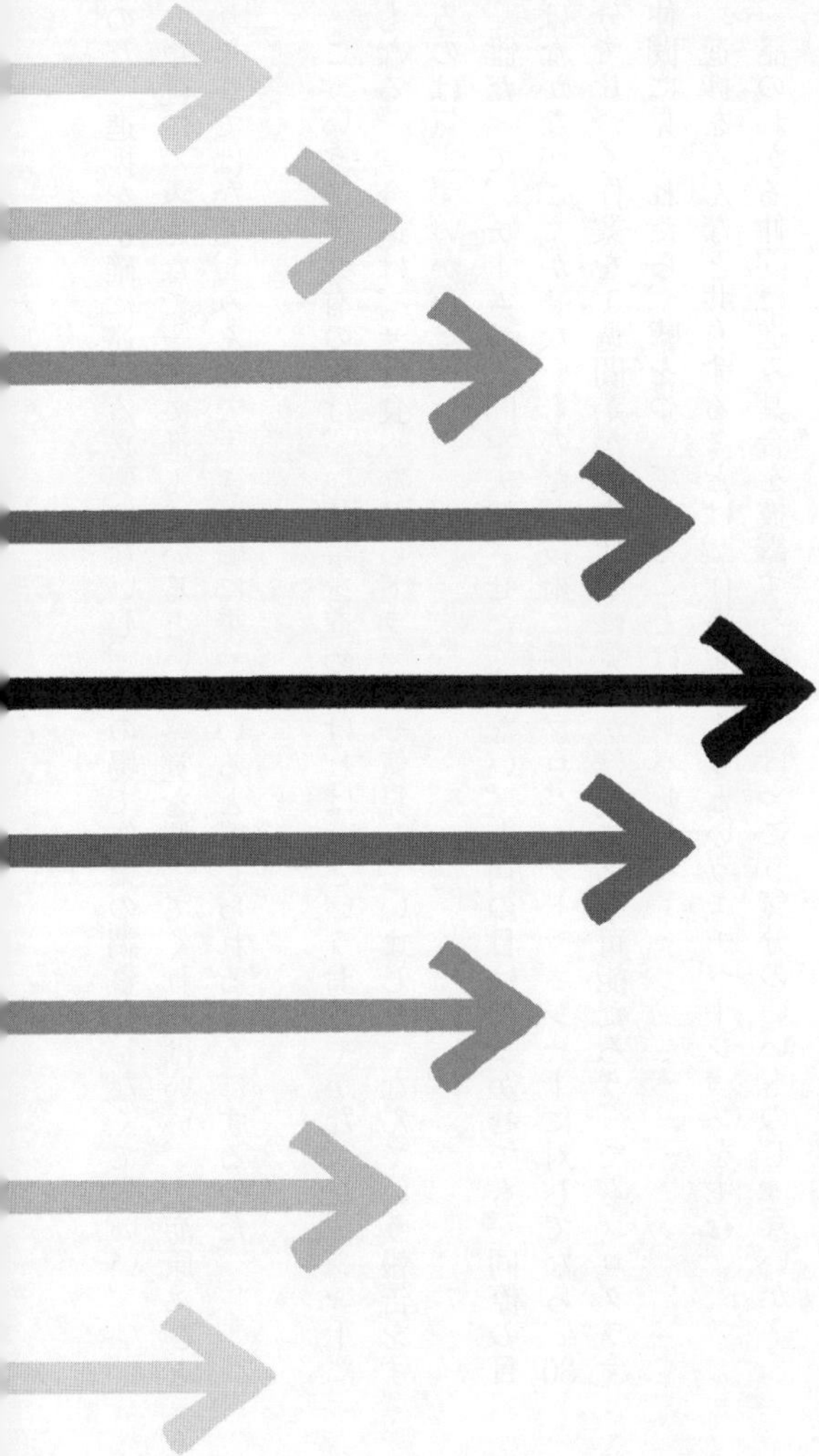

のだ。進捗を正確に述べる必要はないし、その場で作業の調整をしなくてもいい。単純に、みんなで一緒に進んでいるという感覚を持ってくればいい。大海原にひとりきりではなく、みんなで大きな船に乗っていると感じられるようにするのだ。

こういう進捗共有の場は、「仕事を進めなければ」というおだやかなプレッシャーにもなる。「今週はピザを食べながらドラマを一気見していました」なんていう報告をするのは気まずいからだ。

誰だって、チームの人間を失望させたくはない。上司の目はごまかせても、同僚の目はなかなかごまかせないものだ。技術に疎《うと》いプロジェクトマネジャーに対してなら、30分で片づく作業を1週間かかる大仕事に見せかけることも可能だろう。でもプログラマ仲間に見られたら、嘘をついていることはバレバレだ。

進捗をみんなと共有することは、仕事をしようというモチベーションを生む。話のわかる仲間に進み具合を披露するのは、けっこう気分のいいものじゃないか?

印象よりも中身を見る

リモートワークのメリットのひとつは、仕事そのものが評価の基準になることだ。

1日中そばにいて見張っている環境では、ささいな勤務態度が成績評価に影響してくることも多い。

「9時ぴったりに席についていたか？」

「休憩が多すぎないか？」

「通りかかるたびにフェイスブックを開いている気がするぞ」

マネジャーはいつも、そんな些細な問題に気をとられてしまう。仕事ではなく、印象でその人の評価が決まってしまうのだ。

でもリモートワークなら、そんなことは気にならない。

大事なのは「今日何をやりとげたか？」ということだけだ。何時に出社して何時に帰ったかは問題じゃない。どんな仕事をしたかが問題なのだ。

あなたがマネジャーなら、部下に「今日やった仕事を見せてくれ」というだけでいい。給料に見合うだけの仕事をしているかどうか、その目でたしかめるのだ。それ以外のささいなことは、会社にとってはどうでもいい。

とてもシンプルで、明快だ。

こういう物の見方をしていれば、誰が会社に貢献していて、誰が足を引っ張っている

評価すべきは仕事の中身

のか、本当のところが見えてくる。

まずは近くで試してみる

リモートワークをするのに、離れた土地に住む必要はない。会社の目の前に住んでいる人が、リモートワークを取り入れたっていい。リモートとは単に遠隔地という意味ではなく、時間と場所に縛られない働き方のことだからだ。

僕らの会社では、メンバーのうち13人がシカゴのオフィスで働いている。より正確には、シカゴのオフィスに席がある。ただし、13人全員がオフィスにいることはめったにない。たいていは5人か6人といったところだ。そのほかの人は、席があってもリモートで仕事をしている。リモートといっても、遠く離れた街に行っているわけじゃない。自宅や喫茶店にいたり、図書館にいたり、どこかのコワーキングスペースにいたりする。距離でいえばすぐ近くだが、オフィスを離れていればどこにいてもリモートだ。仕事を進めるうえでは、

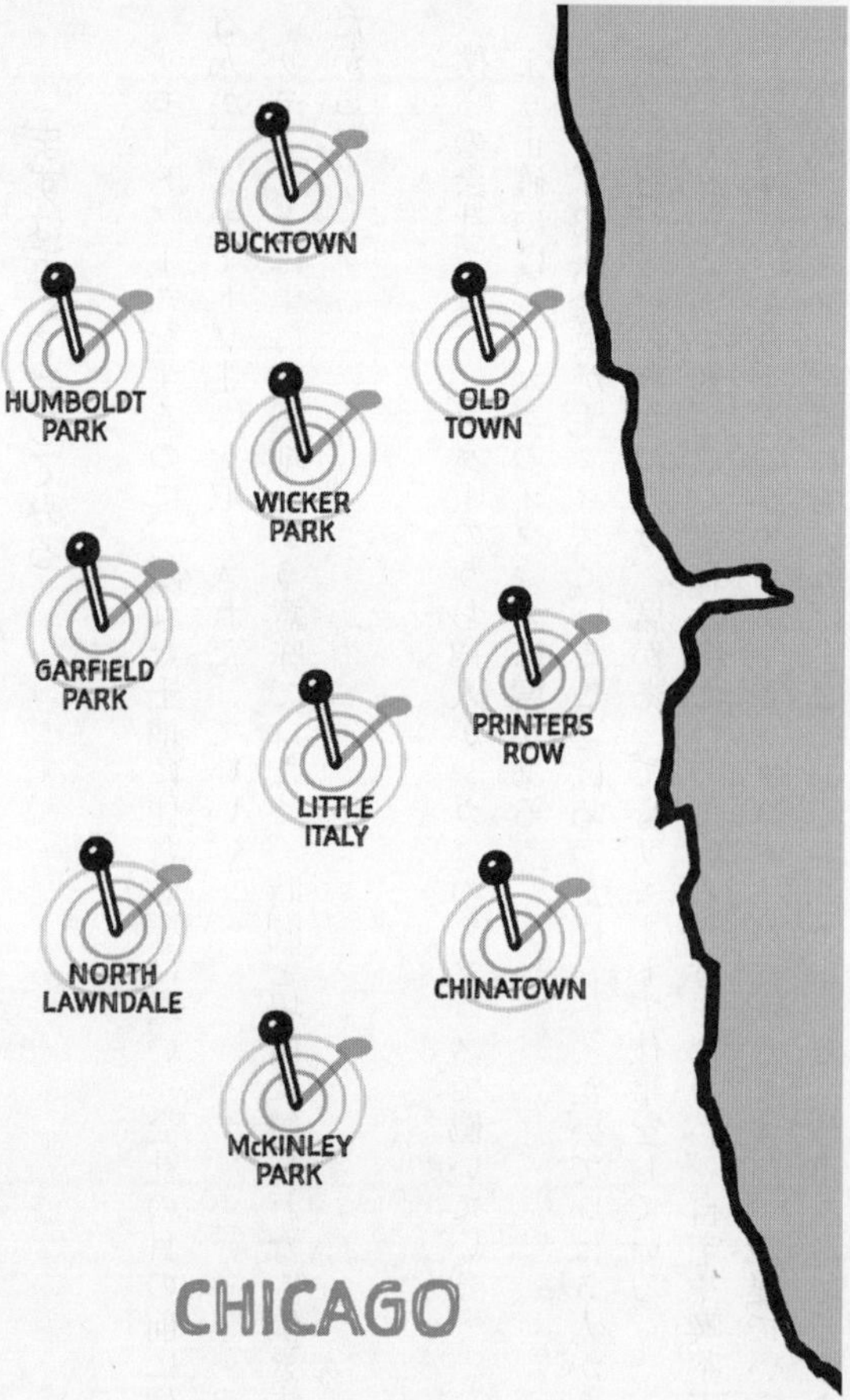

ちょっとだけ離れてみよう

何時間も離れた街にいるのと変わらない。

もしもあなたが経営者やマネジャーなら、いまいる部下たちに会社の外で仕事をさせてみたらどうだろう。きっといいきっかけになるはずだ。オフィスを離れて働くというのがどんなものかわかるし、だめならまたオフィス勤務に戻せばいい。リスクはほとんどない。

ただし、注意すべきことがある。試してみるなら、本気で試さなければ意味がないということだ。

少なくとも3カ月はやりつづけてほしい。そうしないと、環境に慣れることができないからだ。新たな働き方が定着するには、それなりに時間がかかる。

最初は週2日だけをリモートにして、残りの3日はオフィスで働くことにしてもいいだろう。もしもうまくいったら、それを逆にする。週3日がリモートで、週2日がオフィス勤務だ。それで問題なさそうなら、週の全部をリモートワークにしてしまえばいい。

遠くに住んでいる人を雇う前に、いまのメンバーでリモートワークを試してみるのは有益だ。心がまえができるし、やり方のコツもわかってくる。不安なく、スムーズに新たなメンバーを迎えられるはずだ。

ひとつの場所に依存しない

システムの世界には、SPOF（Single Point of Failure）という言葉がある。その部分が壊れたらシステム全体が止まってしまうような、致命的な弱点を指す言葉だ。システムの信頼性を高めるには、SPOFを事前に発見して取り除くことが重要になってくる。

どんなに頑丈なものも、いつかは壊れる。だからその部分が壊れてもいいように、バックアップを用意しなくてはならない。ひとつが壊れたとたんにすべてが終わるようでは、あまりにも危険すぎるからだ。

社員全員を毎日オフィスに来させるのは、会社にとってのSPOFだといっていい。オフィスの電源が落ちたり、ネット環境やエアコンが壊れたりしたら、みんな仕事ができなくなるからだ。オフィスの外でも仕事ができるように練習しておかないと、オフィスにトラブルがあったとたんに顧客へのサービスが停止してしまう。

とくに自然災害の多い地域では、致命的な問題だ。吹雪《ふぶき》やハリケーン、竜巻など、出

S. S. HOMEBASE
WV247365

勤が不可能になる状況はいくらでもある。それでも、業務を止めるわけにはいかない。

保険会社のアメリカン・フィデリティ・アシュアランス（AFA）がリモートワークを取り入れたいちばんの理由も、災害時にサービスを止めないためだった。天候などの理由でオクラホマシティのオフィスが閉鎖されても、社員はみんな家から仕事ができる。顧客はいつもと同じように、サービスを受けられるというわけだ。

AFAでは、リモートワークを選択しない社員にも、月に1日か2日は家で仕事をさせている。何かがあったときのために、訓練しておくのだ。また、インフルエンザが流《は》行《や》っているようなときにも、通勤を避けて家で仕事することを推奨している。

自然災害よりもさらによく起こるのが、個人のトラブルだ。

風邪をひいたり、子どもが病気をしたり、水道の調子が悪くて修理屋を待っていなくてはならなかったり。仕事ができないわけではないのに、家を離れられないという状況はいくらでもある。

普段からリモートワークに慣れておけば、何があっても困らない。大嵐がやってこようと、家で業者を待つはめになろうと、いつもと同じように仕事ができる。オフィス依存をやめることが、業務を止めないための大きな強みになるのだ。

ミーティングを減らそう

リモートワークがうまくいかないと思い込んでいる人は、たいてい2つのことを指摘する。

（1）みんな同じ場所にいないと、その場でミーティングができない

（2）そばで見張っていないと、部下が仕事をしているかどうかわからない

だから、みんな毎日オフィスに行く必要があると彼らはいう。

でも僕らにいわせれば、それはまったく逆だ。

ミーティングとマネジメントのせいで、オフィスでは仕事が進まないのだ。

ミーティングがなく、うるさい上司もいないほうが、確実に仕事がはかどる。だからこそ僕らは、こんなに熱心にリモートワークをすすめているわけだ。

ミーティングとマネジメントの何がいけないのかって？

それ自体が悪いわけじゃない。ミーティングやマネジメントは、仕事に必要なものだ。

ただし、あまりに多すぎると、害になる。

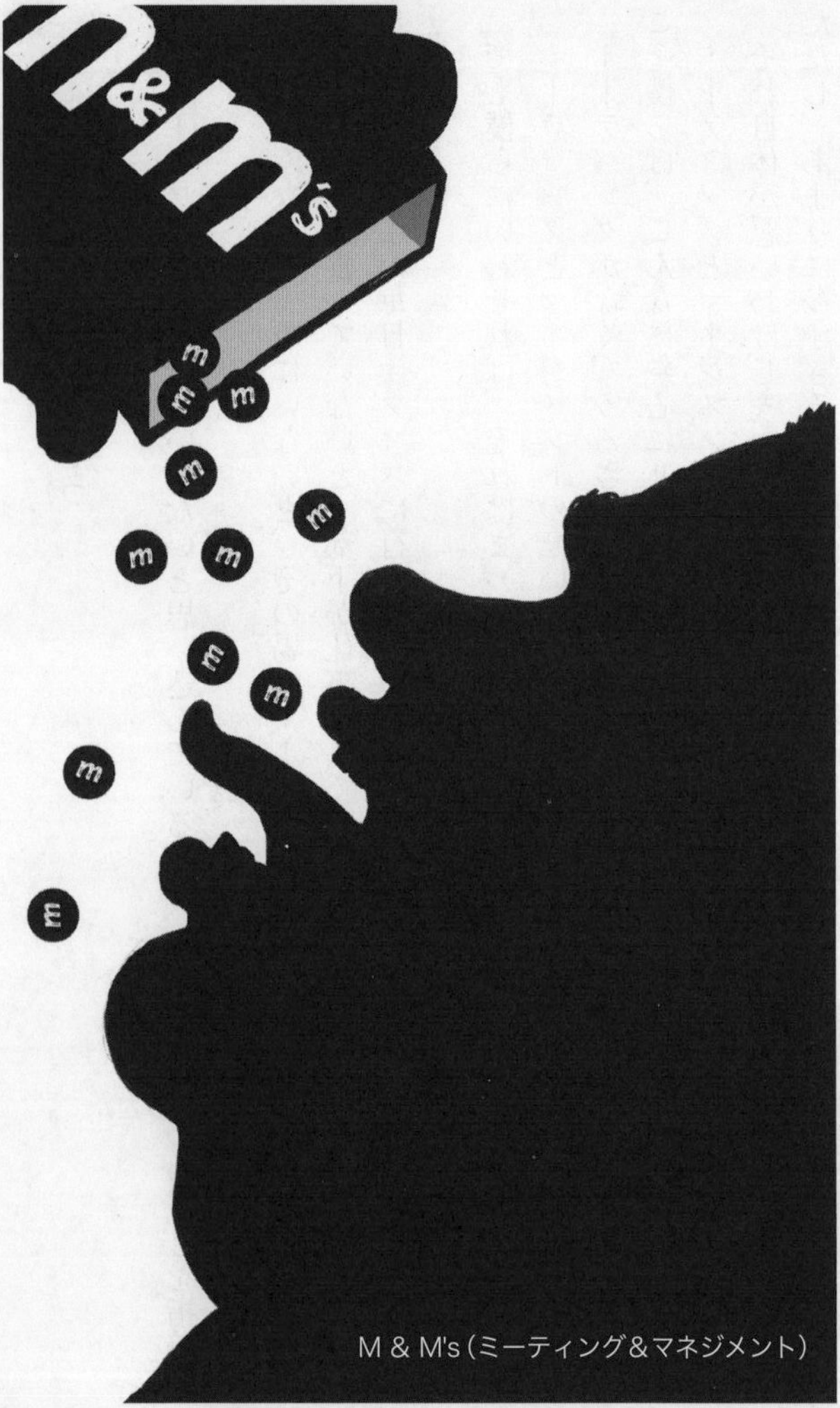
m&m's
M & M's（ミーティング＆マネジメント）

「もっとたくさんミーティングをやりたい」と思う人はいるだろうか？　まずいないと思う。できれば減らしたいと思っているはずだ。それはなぜだろう？

ミーティングは本来、役に立つものだ。みんなでテーブルを囲み、直接言葉をかわして話しあう。濃いコミュニケーションが実現できるし、問題解決の大きな力になる。ただし、不用意に使いまくればいいわけじゃない。

何でもかんでもミーティングで解決しようとして、毎日何度もミーティングばかりしていると、みんなうんざりしてしまう。目的意識が薄れて、適当に参加していればいいやという気持ちになる。

ミーティングは料理に入れる塩のように、注意深く扱うべきだ。適量を加えれば味が引き立つけれど、多すぎると台無しになる。一口ごとに塩をふりかけて食べたいと思う人はいないだろう。

多すぎるミーティングは、人のやる気をぶち壊してしまうのだ。

それだけでなく、ミーティングは集中力の邪魔になる。どんなに大事な作業の途中でも、みんな一斉に集まらなくてはいけないからだ。7人の参加者で1時間のミーティングをすると、7時間分の作業が失われる。

はたしてそのミーティングには、7時間分の作業に見合う価値があるのだろうか？覚えておこう。1時間だけのミーティングなんて、存在しない。5人で1時間を費やしたら、それは5時間のミーティングなのだ。

では次に、マネジメントについて考えてみよう。なぜ、マネジメントが仕事の邪魔になるのだろうか？

マネジメントは本来、仕事に欠かせないものだ。ただしミーティングと同じく、多すぎると害になる。進捗状況を10分かけて説明したら、その10分は作業ができないからだ。せっかくの集中が、声をかけられるたびにぶち壊しになる。

それにミーティングはたいていマネジャーが開くものだから、マネジャーがいるだけで仕事の邪魔がいっそう増えることになる。

そもそも、1日中マネジメントをやろうとすることに無理があるのだ。マネジャーは部下の管理が仕事だから、必要なくてもそれらしい仕事を見つけだしてくる。形だけの定例ミーティングや、無駄に多すぎる進捗確認、必要もないのにおこなわれる企画会議。マネジャーの1週間は、そうやってすぎていく。

もちろん、部下の進捗を管理するのは重要な仕事だ。ただし、週に40時間もかかる仕事だとは思えない。せいぜい10時間がいいところだ。それなのに、ほとんどのマネジャーは、やることがないという事実を認めようとしない。だから、わざわざ無駄な仕事をつくりだすのだ。

リモートで仕事をすれば、マネジャーは無駄に仕事を増やせなくなる。従来の職場では、メンバーたちを会議室に連れ込んだり、席に立ち寄って進捗を聞いたりしても、とくに記録は残らない。邪魔をしているという事実が見えにくいのだ。おかげで、メンバーたちは四六時中マネジャーの暇つぶしにつきあわされることになる。でもメールやチャットを使ってリモートでマネジメントをする場合は、もっと目的意識が明確になる。だから、おかしな暇つぶしに邪魔されることなく、仕事が進められるのだ。

リモートワークの世界にも、ミーティングとマネジメントは必要だ。ただし、すべてがオンラインの記録に残るので、どれくらい頻繁におこなっているかを嫌でも意識することになる。ミーティングとマネジメントが減ってくれれば、みんなもっとハッピーになるはずだ。

リモートワークの落とし穴

孤独は人を狂わせる

他人と毎日顔をあわせるのは地獄かもしれないが、孤独が天国だと思ったら大まちがいだ。

人は社会的な生きものだ。どんなに内向的な人でも、他人と関わりたいという本能的な欲求からは逃れられない。囚人が孤独な懲罰房を何より恐れるのも、そのせいだ。完全な孤独は、人を狂わせる。

リモートワークをしていると、気づかないうちに孤独に陥《おちい》っていることが多い。表面的には、たくさんの人と一緒にいるような気がするからだ。

おーい、誰かいる？

メールはどんどんやってくるし、同僚とはチャットで雑談ができる。ネット上ではさまざまな議論が白熱している。でも、それらはやはり、バーチャルだ。本当に人とふれあうことの代わりにはならない。

だからオフィスが必要だ、といっているわけじゃない。

長年リモートワークをやってきてわかったのは、つきあう相手は職場の人間でなくてもいいということだ。恋人や配偶者、子ども、友人、近所の人たち。職場から離れていても、人とふれあう機会はたくさんある。会社に行かなければ社会的欲求が満たされないということはない。

家族も友人もいないという人は、ちょっと環境を工夫してみるといい。たとえば、リモートワーカーどうしで空間をシェアするコワーキングスペース。電源も完備で快適だし、同じような働き方の仲間が集まるので励みになる。ちょっと大きな街に行けば、たいてい見つかるはずだ。

あるいは、リアルな世界の集まりに参加してみてもいい。どんな小さな町にも、地元の交流イベントがあると思う。公園でチェスをしたり、寄せ集めチームでスポーツの試合をしたり。お昼休みを利用して、学校や図書館でちょっとしたボランティアをするのもいいだろう。

孤独を甘く見てはいけない。

毎日強制的に人と会わされることがないぶん、リモートワーカーが孤独になりやすいのは事実だ。だから意識的に、外にでたほうがいい。

リモートワーカーだからといって、家のデスクに張りついている必要はないのだから。

自由は屈従になりうる

「自由は屈従である」

ジョージ・オーウェルの小説『一九八四年』にでてくる言葉だ。

この有名なスローガンをあえて曲解すれば、リモートワークの落とし穴のことをいっているようにも聞こえる。自由すぎて、仕事とプライベートのバランスがとれなくなるということだ。9時5時という縛りがないぶん、うっかりするとつねに仕事に縛られている状態になってしまう。

はじまりは些細なことだ。朝起きて、ベッドのなかで仕事メールをチェックする。そのまま何通か返信を書く。それから簡単なサンドイッチをつくって、昼休みもとらずに

仕事にチェックイン／チェックアウト

仕事をする。夕食を食べたあと、気がかりなことを1件思いだして同僚に連絡をとる。そうこうしているうちに、勤務時間は朝7時から夜9時にまで延びている。

やる気のある人ほど、こうした罠に陥りやすい。

リモートワークに慣れていないマネジャーは、部下が働かないのではないかと心配する。でも本当は、働きすぎることを心配したほうがいい。部下の様子が見えないので、気づいたときには完全に燃え尽きていたということにもなりかねないからだ。

これをふせぐ方法は、仕事しすぎない文化をつくることだ。僕らの会社の推奨勤務時間は、週に40時間。それ以上働いても、誰にもほめられない。ときにはスパートが必要なこともあるが、普段は長距離走を意識して働いたほうがいい。無理なペースで走っていると、かならずどこかで反動がくるからだ。

つい働きすぎてしまう人は、「1日分の仕事」という区切りをつくろう。1日の終わりにその日の作業を振り返り、「1日分の働きをしたか？」と考えてみるのだ。たいていはイエスと答えられると思う。プロジェクトはまだ終わっていなくても、たっぷり1日分は働いている。だから、すっきりした気持ちでその日の仕事を終えられる。

もしも答えがノーなら、その日は不調だったということだ。そんなときは無理に残業するよりも、いったん落ちついて「5つのなぜ」を考えてみるといい。なぜ仕事が進まなかったのか？　それはなぜか？　それはなぜか？　と5回繰り返して問いつめるのだ。

仕事が進んだ日は、気分がいい。きちんと1日分の仕事が終えられたら、きっと次の日も同じペースで走りつづけられる。そんなふうに自分のペースがつかめたら、あとは自然にうまくいくものだ。

起きてから寝るまで仕事漬けよりも、そっちのほうがずっといい。

自宅にも快適さが必要

家で仕事をする場合、決まった席にいる必要はない。キッチンで仕事をはじめ、ソファでつづきをやり、天気がよければ庭でひなたぼっこをしながら仕事を終わらせてもいい。

ただし、長期的にリモートワークをやりたいなら、人間工学的な視点を取り入れたほうがうまくいく。

要するに、快適な環境をつくるということだ。ちょうどいい高さの机、座りごこちのいい椅子、大画面の高解像度ディスプレイ。

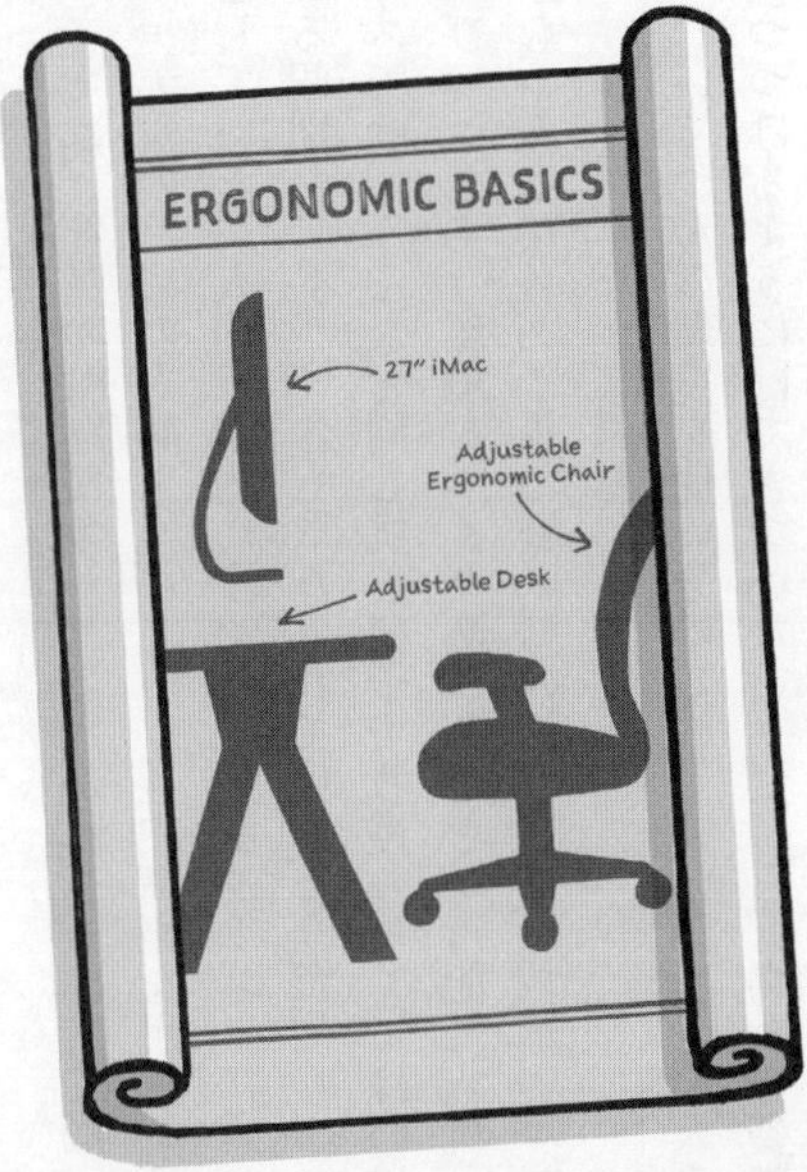

リモートワーカーのための人間工学

ぜいたくに思えるかもしれないが、ケチって体を壊しては元も子もない。固い椅子で腰を痛めたり、安っぽいディスプレイで目を悪くしたりしたら、仕事をつづけることが苦痛になる。

アクセンチュアでは、社員の81%が多かれ少なかれリモートで働いている。そのため、「プロフェッショナルのための人間工学」という社内講座を用意して、正しい知識を広めるとりくみをしている。人間工学的にすぐれた製品をリストアップし、さらに人間工学の専門家による個別のアドバイスも取り入れているそうだ。

普通のオフィスでは、みんなと同じ机と椅子で我慢しなくてはいけない。でも家で働くなら、自分にぴったりあう環境をつくりあげることが可能だ。机と椅子でなくてもいい。僕らの同僚もいろんなスタイルで働いている。バランスボールに座ったり、立って仕事をしたり。

気分に応じて、いくつかの環境を使い分けるのもいいだろう。人の体は、1日8時間も同じ姿勢でいつづけるようにはできていない。だから、場所や姿勢をときどき変えたほうがいい。オフィスでは自席に縛られているかもしれないが、家なら自由に動きまわれる。

快適さといえば、もうひとつ忘れてならないのが服装だ。

スウェットの快適さは人間工学の極み。他人の目を気にしなくていいのだから、好きなだけ部屋着でくつろげばいい。

ただし、ランチ休憩でリアルな世界にでていくときには、服装のチェックを忘れずに。

運動不足の恐怖

典型的なサラリーマンの生活は、あまり健康的とはいえない。朝起きて、電車や車で通勤し、8時間じっと椅子に座って、それから家に帰って、ソファに座ってテレビを見る。そんな生活をしていたら、太るのは当然だ。でも、もっとひどいことにだってなりうる。

家で働く場合、よほど意識していないと、まったく体を動かさなくなってしまう。通勤もないので、とにかく歩かない。1日1万歩なんて遠すぎる目標に思えてくる。

通勤があれば、駅や駐車場まではとりあえず毎日歩く。オフィスのなかでも、多少は歩きまわっているはずだ。昼休みには行きつけの店まで歩くし、帰宅前に寄り道をすることだってある。いくつかの調査によると、平均的なオフィスワーカーの歩く量は、1日2000〜4000歩程度だ。

もちろん、平均的なオフィスワーカーの運動量が十分だというわけじゃない。みんなの体つきを見ればそれは明らかだ。でも、家で働くよりはずっとマシかもしれない。

ベッドをでて、隣の部屋の机まで行くのに、どれだけ歩くだろうか？ためしに万歩計をつけてみたら、恐ろしい結果になるはずだ。

医療保険会社のエトナ社も、この問題に直面した。エトナでは、3万5000人の社員のおよそ半数がリモートで働いている。そして調査の結果、リモートワークをしている社員は、通勤している社員よりも体重が増えていることがわかった。エトナはこの問題に対処するため、オンラインのパーソナルトレーナーを雇って社員の健康促進にとりくんでいるところだ。[11]

僕らの会社でも、社員の健康にはかなり気をつけている。社員全員に月額100ドルのスポーツクラブ手当を支給しているし、会社の経費で地元の農家から新鮮な野菜やフルーツを毎週届けてもらっている。[12]

家にいて動く必要がないなら、動く理由を何かつくったほうがいい。たとえば、家でありあわせの昼食をとるかわりに、カフェやサンドイッチ店まで歩いていく。犬を飼って、毎日散歩に連れていく。仕事の合間に10分の休憩をとってルームランナーで走る。通勤時間をまるごと節約しているのだから、その時間を使って運動をしたり、体にいい料理をつくるくらいはしてもいいじゃないか？

島流しにならないために

リモートワークが失敗する典型的なパターンを紹介しよう。

まず適当な社員を1人だけ選び、「おまえ明日から試してみろ」という。そして残りの人は、みんないつもどおりに仕事をつづける。3ヵ月後、社内からは「やっぱりな」というあきらめの声が聞こえてくる。「あいつ最近、存在感ゼロだよね」

こんなことで、うまくいくわけがない。

1人や2人を島流ししても、リモートワークを試したことにはならない。ちゃんと試してみるなら、チーム全体でとりくむ必要がある。プロジェクトマネジャーも関係者も含めて、全員だ。それに、期間も長めにとったほうがいい。靴だって、足になじむにはそれなりに時間がかかる。

孤独な先遣隊

仮にチーム全体がリモートワークに前向きだとしても（そういうことは多くないが）、明日からいきなりうまく運用できると思ったらまちがいだ。古いやり方を捨てて新しいやり方に慣れるには、やはりどうしても時間がかかる。いつでも好きなときに同僚の邪魔をすることに慣れていると、それができないだけで大きなストレスを感じるものだ。ときにはリモートワークがいやになることもあると思う。ちょうどオフィスにいるときに、しゃべっている人間をみんな石に変えてやりたいと願うのと同じだ。どんなやり方にだって、何らかのストレスはある。ただで夢のような環境が手に入るわけじゃない。だからこそ、全員で（あるいは大部分のメンバーで）とりくむことが大切なのだ。みんなでリモートワークを経験すれば、いい面と悪い面が見えてくる。オフィスにこもったまま誰かに試させたとしても、本当のことは何も見えてこない。通勤がなく、家族とすごしたり趣味に打ち込んだりする時間が増えるのがどんなにいいことか、それがまったく実感できない。

保険会社のアメリカン・フィデリティ・アシュアランスでは、まずリモートワークに適していると考えられるチームを先遣隊に選んだ。全社的な適用に先駆けて、必要なインフラやツールをきちんと整備しておくためのテスト部隊だ。そして先遣隊のメンバーは、会社の宣伝部隊となって同僚たちにリモートワークのよさを説いてまわった。オフィスにいるよりもやる気がでて、生産性が何倍にも上がったという実体験を話して聞かせたのだ。

リモートワークを試してみるなら、本格的にとりくんでほしい。小さなチームではじめてもいいけれど、誰かを犠牲にするだけで終わらせることのないように気をつけよう。

顧客の不安をとりのぞく

僕らの会社はソフトウェア開発をやっているけれど、以前はウェブデザインのコンサルティング会社だった。サイトのリニューアルや新規オープンにあたって、デザインのアドバイスをする仕事だ。

1999年から2005年にかけて、実にたくさんの企業から依頼を受けた。ヒューレット・パッカードやマイクロソフトのような巨大企業もあれば、数人でやっている小さな会社もあった。

そんな忙しい日々だったけれど、直接会って話をしたクライアントは数えるほどしかいない。ほとんどの会社は、遠く離れた場所にあったからだ。わざわざ飛行機に乗って

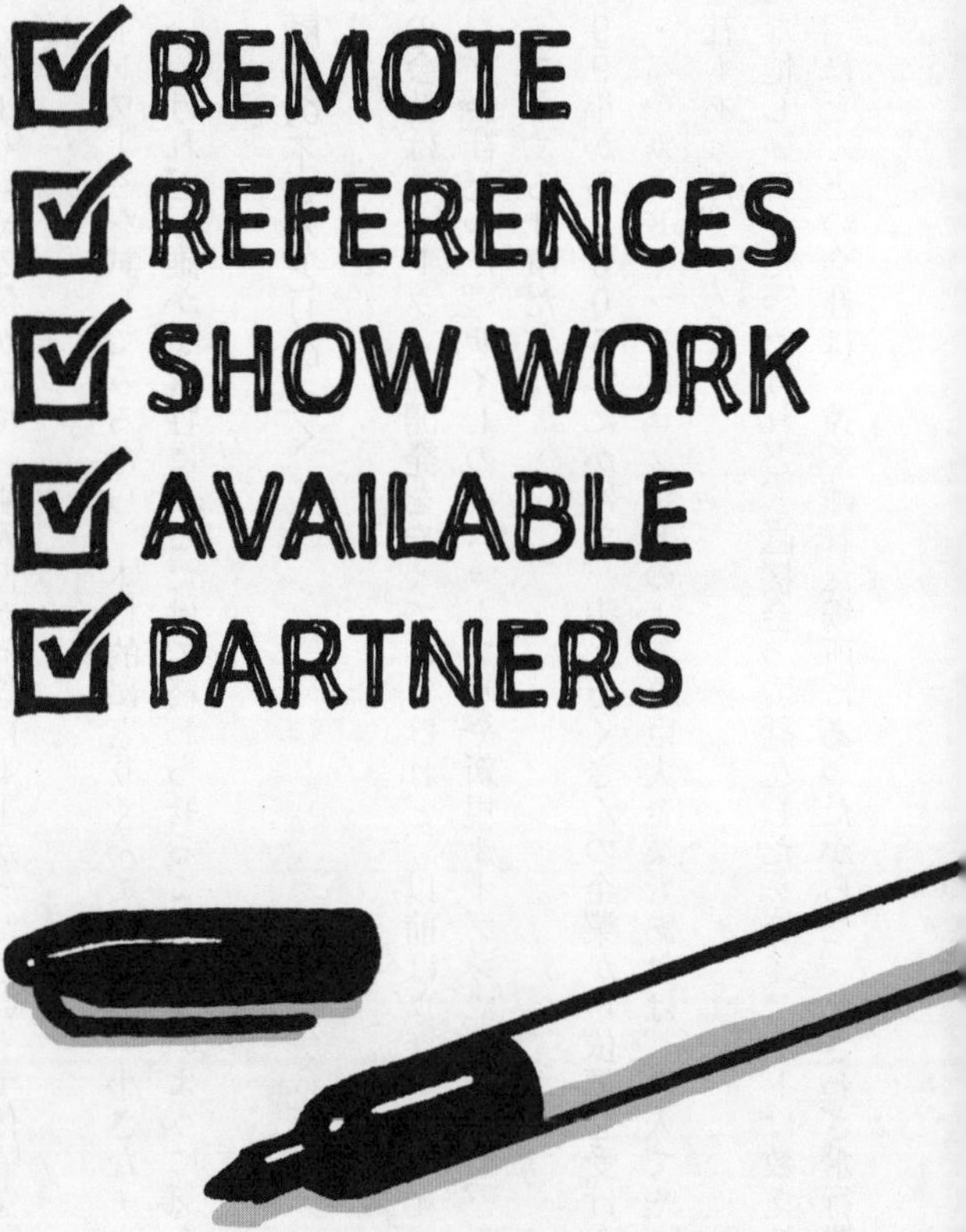

不安対策チェックリスト

あいさつに行くことはめったになかった。つまり、リモートで仕事をしていたわけだ。僕らの仕事は、数百万ドルの売り上げを生んだ。なぜ、シカゴにある変な名前（37シグナルズ）のちっぽけなデザイン会社が、それだけの成功をおさめることができたのだろう。

いったいどんな秘密が隠れていたのだろうか？

正直にいうと、秘密なんてない。でも、ちょっとしたコツならある。

まず1つめのコツは、営業をかける段階から、僕らが遠く離れた街にいる事実を知らせておくことだ。あとでいうより、最初から正直にいっておいたほうがいい。契約がまとまる直前になって「そういえば、シカゴにいるのでロサンゼルスの御社と毎週会って打ちあわせをするのは無理です」なんていうべきじゃない。

2つめのコツは、過去の顧客と話をしてもらうこと。「何を聞いてもらってもかまいませんよ」といって、こちらから連絡先を教える。はじめての相手とリモートで信頼関係を築くのは簡単ではないが、同じ状況で成功した顧客の声が聞こえてくれば安心できる。

3つめのコツは、こまめに成果を見せること。顔が見えない不安をとりのぞくには、この方法がいちばんだ。聞いたこともない会社に高い料金を支払うのだから、契約を結んだとたんに不安になるのも無理はない。だから、なるべく具体的な成果を見せるといい。形になっていることが見えてくれば、顧客も安心して仕事をまかせられる。

4つめのコツは、いつでも連絡がとれるようにしておくこと。直接会えないぶん、電話やメールやメッセージをこまめに返す。これはビジネスの基本だが、リモートで働くときにはなおさら重要だ。顧客の心理として、遠くにいるほうが不安になりやすいからだ。近所の会社なら、いざとなったら直接乗り込んでいけるという一種の安心感がある。でも離れている場合、連絡がとれなくなったらおしまいだ。だから顧客を不安にさせないように、積極的にコミュニケーションをとったほうがいい。

最後に、5つめのコツ。顧客をどんどん巻き込んで、一緒に仕事を進めていこう。当事者としてプロジェクトに参加してもらうのだ。たしかに僕らはデザインの専門家だが、ビジネスをよく知っているのはその顧客自身だ。だからオンラインの共同スペースをつくり、スケジュールを共有して、進捗をいつでも確認できるようにしておこう。こまめにフィードバックを求め、意見を聞き、タスクを割り振っていこう（あるいは、タスクの割り振りに参加してもらおう）。

自分がプロジェクトの一員だと感じられれば、不安よりも期待のほうが大きくなる。

何かをやりとげようという空気が生まれるはずだ。

法律と税金の罠

「社員を自宅で働かせるのって、そもそも合法なの？」

そんなふうに聞かれることがある。答えはイエス。もちろん合法だ。でもたしかに、気をつけたほうがいい。法律はとてもややこしく入り組んだ世界だ。払うべきお金に気づかなかったりしたら、面倒なことになる。

アメリカの法律では、社員はどこで仕事をしてもいい。会社のある場所でもいいし、遠く離れた町でもいい。週の何日かは家で働き、残りは会社で働いてもまったく問題ない。

ただし、別の国に住んでいる人を雇う場合は、話がもうすこしややこしくなる。実際やってみればそれほど大きな問題ではないけれど、ちょっと面倒なのは事実だ。

国外の人間を雇う方法は、基本的に2つ。現地法人をつくるか、業務委託の形にするかだ。現地法人をつくるにはそれなりにお金と手間がかかる。税金も余分にかかってくる。完璧にやるなら、弁護士などの助けも必要だ（これがかなり高くつく）。その国で

TAX
Expert
CLAIRE JONES
頼れる税金の専門家におまかせ

何十人も雇うなら、それも仕方ないだろう。

でも、たいていはそんな面倒なことをしなくていい。大がかりな橋を建設する前に、まずは小さな橋をつくってみるのだ。つまり、社員ではなく業務委託にすればいい。

どんな国にも、業務委託に関するややこしい独自の決まりは存在する。でも基本的には、だいたい似たような制度だ。業務委託を受ける人は、会社の指示ではなく自分の裁量で仕事をする。また彼らは、個人事業主または法人として登録していなければならない。正社員のような福利厚生は一切受けられない（その分報酬に上乗せしてあげればいい）。

あなたがリモートワーカーとして海外の企業で働こうと考えているなら、そのあたりの制度のことを知っておく必要がある。といっても、個人でやる程度なら請求書も確定申告もとくに難しくはない。ただし、報酬をどちらの通貨で受け取るかということは明確にしておこう。為替のリスクがあるからだ（このあたりはほかの契約と同じく、交渉でなんとかなる）。

そんなわけで、国境を越えたリモートワークに、それなりの面倒があることは事実だ。法律や税金のリスクも覚悟しなければならない。でも、野心的な企業はどんどんリスクをとっている。すばらしい人材を雇うために、必要なことだからだ。

リスクをとるのが不安なら、専門家にとことん聞けばいい。ちょっとしたハードルにおじけづいて、目の前のチャンスを逃すのはもったいない。長い目で見れば、きっと挑戦する価値があるはずだ。

リモート時代の人材採用

人材は世界中にいる

企業がリモートワークを導入するとき、はじめは国内だけに目を向けることが多いと思う。

「国内でそこそこ優秀な人材が見つかるなら、わざわざ海外に手を伸ばすことなんてないじゃないか？」

そんなふうに思っているのだ。

僕らの会社は、はじめから国境を越えていた。

デイヴィッドはコペンハーゲンで、ジェイソンはシカゴ在住。遠く離れた2つの国で、

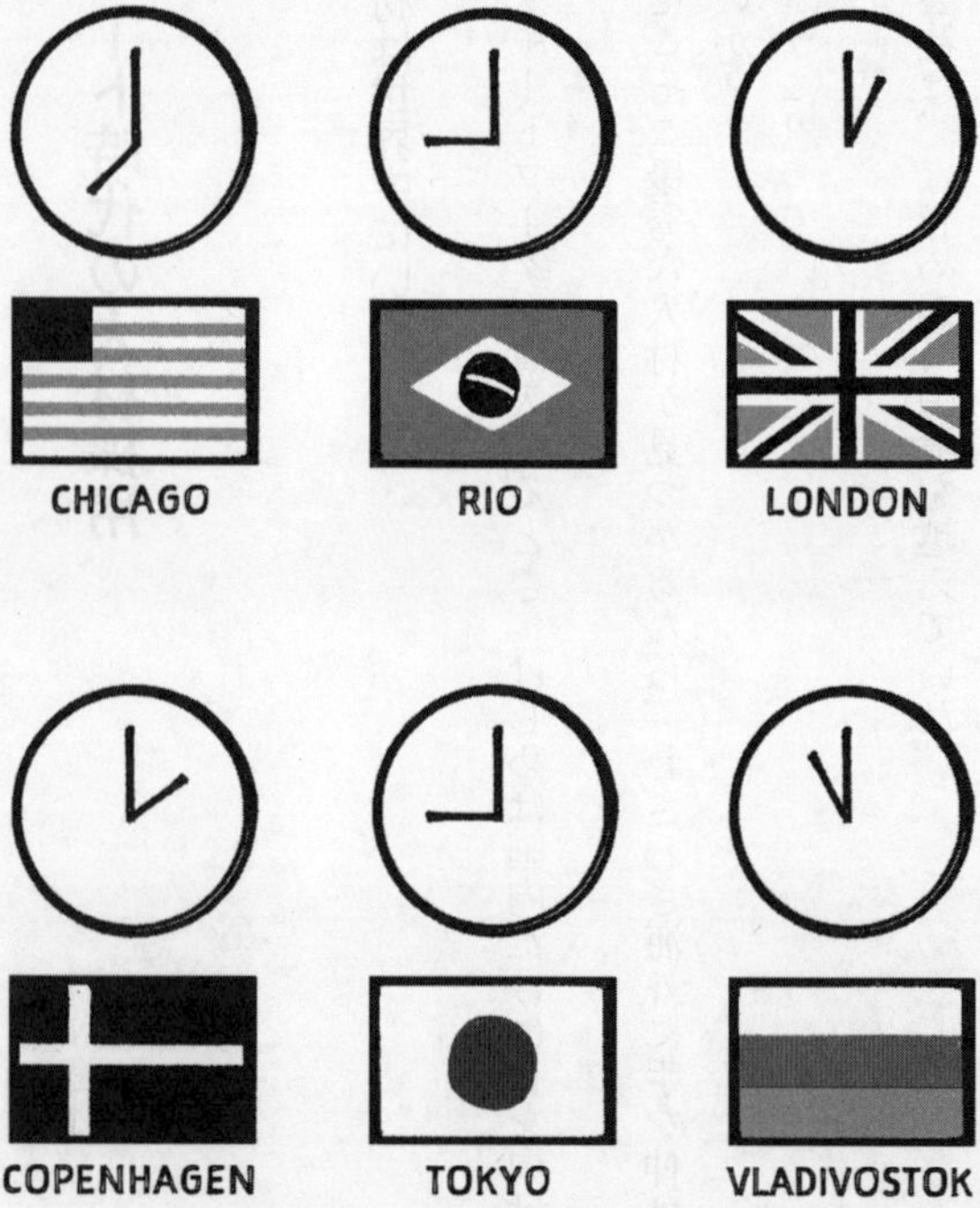

優秀な人材はどこにいる？

僕らのプロジェクトははじまった。場所に縛られないスタイルのまま会社は発展し、世界中の優秀な人材を雇いつづけている。

リモートワーク導入にともなうゴタゴタは、オフィスを離れた時点で避けられないものだ。どこにいるかは関係ない。同じ街だろうと、遠い国だろうと、面倒の度合いはとくに変わらない。

そして、いったんリモートワークに慣れてしまえば、距離のことなんてまったく関係なくなる。みんなが実際にどこにいるかなんて、すぐに忘れてしまう。いつもはロシアにいる人が、タイで働いていても気にならない。仕事をするうえでは、何のちがいもないからだ。

世界に目を向ければ、すばらしい人材を獲得できるチャンスは格段に広がる。それに、外国で商品を売るときの強みにもなる。外国の細かな慣習を知っておいたほうが有利だからだ。たとえばソフトウェア開発でいえば、カレンダーは何曜日からはじまるのか。日曜日に固定してしまうと、月曜日からはじまる国で売れなくなる。カレンダーのアプリをつくるとき、そういうことに気づく人がいてくれると心強い。

世界的な視野を手に入れれば、顧客によりよいサービスを提供することにもつながる。コペンハーゲン在住の起業家アレックス・カラビはウェブデザイン会社を経営しているが、北欧の人材だけでなく世界中から人を雇っている。といっても、デザインのできる人間が不足しているわけじゃない。多様な視野をとりいれたほうが、顧客を獲得しやすいと気づいたからだ。テキサスやロンドンやニュージーランド出身の人間がいれば、より多様なデザインを顧客に提供できる。

ただし、すでに述べたように、外国の人材を雇うときには多少面倒なこともある。時差に対応しなくてはならないし、法律や会計の制度にも気を配る必要がある。

それ以上に大変なのが、言葉の壁だ。リモートワークでは、文字によるコミュニケーションが中心になってくる。そこそこ外国語がしゃべれる人でも、文章はからっきしだめかもしれない。だから外国の人材を雇うなら、その人のライティングスキルを重視したほうがいい。

世界はどんどん狭くなり、マーケットはどんどん広がっている。取り残されないために、外の世界に目を向けよう。

引っ越しは転職のきっかけではない

優秀な人材を見つけるのは大変だ。いったん見つけたら、なるべく手放さないほうがいい。

それなのに多くの企業は、彼らが引っ越すというだけで簡単に手放してしまう。あまりにも、もったいない。

人生にはいろんなできごとがある。引っ越しをしたいと思うのはめずらしいことじゃない。結婚や離婚、暑さや寒さ、親の状況。あるいはどうしても気分を一新したいこともある。本当は仕事をつづけたいのに、オフィスに出勤しなければならないという制約のせいで、転職を余儀なくされることも少なくない。

会社に長く勤めている人は、リモートワークに向いている。ほとんどの社員と知りあいだし、仕事の進め方もよくわかっているからだ。そんな貴重な知識と経験をみすみす手放してしまうのは、もったいないだけでなく、コストも高くつく。その人の代わりにどれほど優秀な人を雇ったとしても、長年働いている人と同じパフォーマンスをすぐにだすことはできないからだ。

人を育てるには、大きなコストと時間がかかる。

僕らの会社には、長距離の引っ越しをした社員がたくさんいる。デイヴィッドはシカゴからスペインのマルベーリャに移住したし、クリスティンはシカゴからオレゴン州のポートランドへ、ジェレミーはポートランドからカリフォルニア州パサデナへそれぞれ移り住んだ。もちろん仕事は何の支障もなくつづけている。

ジェリービジョン社がリモートワークをとりいれたきっかけは、ある優秀な社員の「引っ越したい」という声だった。奥さんが念願の仕事に採用され、別の州に移らなければならなくなったのだ。別居はしたくないけれど、ジェリービジョン社も辞めたくない。それに会社のほうも彼を手放したくないということで、リモート勤務の導入にふみきった。同社のリモートワーカーの大半は、本社勤務からはじめ、のちに別の州に移った人たちだ。引っ越しても辞めなくていいというのは、働く人にとって大きな魅力になっている。

アメリカン・フィデリティ・アシュアランス社も、同じような状況でリモートワークを取り入れた。ある優秀な社員が、一時的に別の州に移住したいといったからだ。彼女は本社のあるオクラホマ州からアーカンソー州に移住し、大学に通う夫と一緒に暮らしながら、リモートで仕事をつづけている。夫が大学を卒業したら、一緒にオクラホマ州に戻るつもりだ。

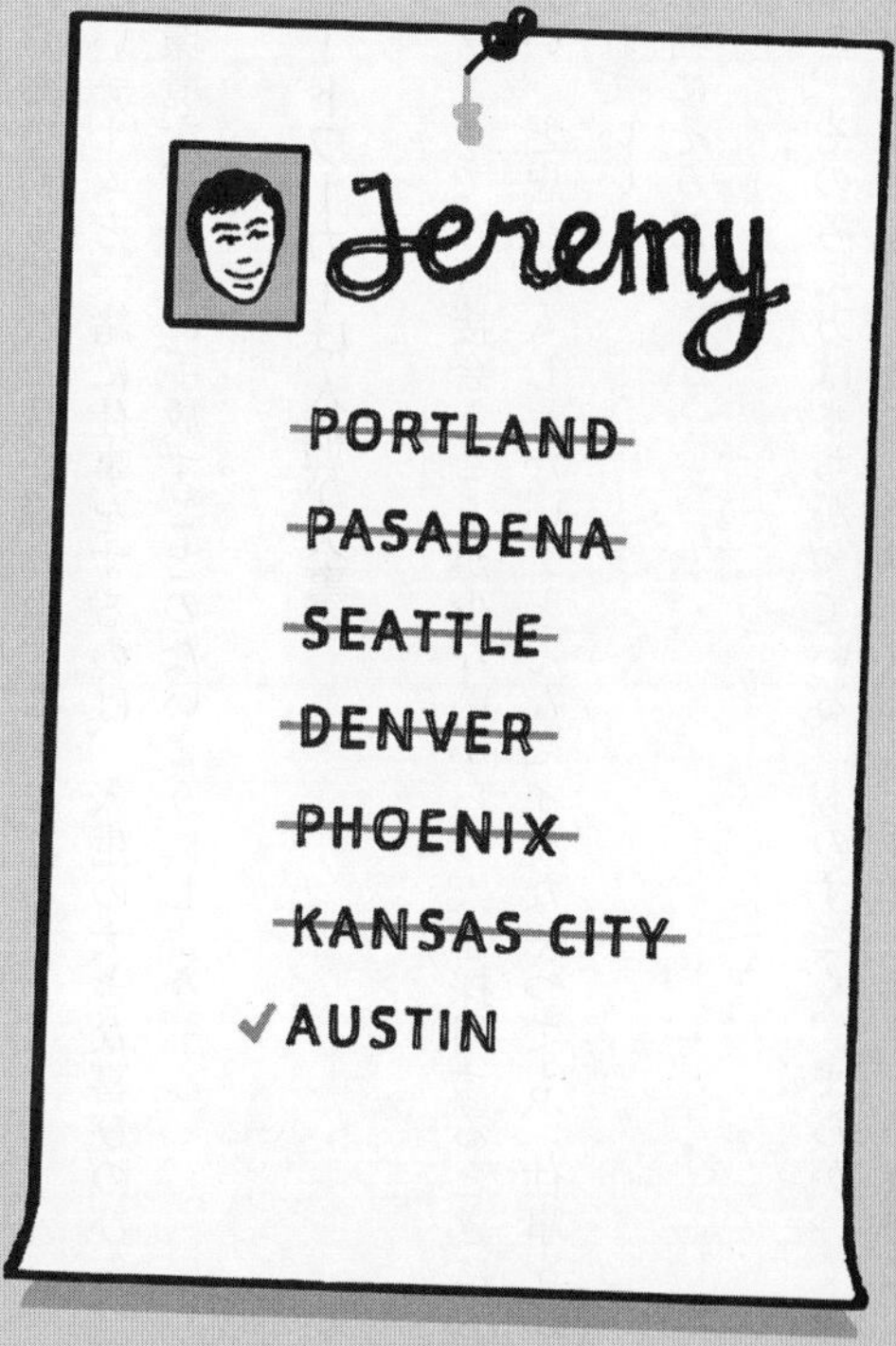
Jeremy
PORTLAND
PASADENA
SEATTLE
DENVER
PHOENIX
KANSAS CITY
AUSTIN

住所変更履歴

強いチームを長く維持することができれば、仕事のパフォーマンスは劇的に上がる。メンバーの気心が知れて働きやすくなるし、連携がよくなるからだ。一方、新しいチームは、慣れるまで初歩的なミスを繰り返すことになる。

すばらしいチームと一緒に仕事をするのは、人生の大きな喜びのひとつだ。せっかくの恵まれた環境を、簡単に手放すことのないようにしよう。

リモートワーカーは人柄が大事

リモートワークでは直接会うことが少ないから、人を採用するときにも社会性なんか見なくていい、と思うかもしれない。どんなにイヤなやつでも、仕事を速くこなしてくれるならそれでいい。

でも、本当にそうだろうか？

実をいうと、その考え方はまちがっている。ものすごく、まちがっている。

リモートワークでは、オフィスで働く以上に、人のつながりが重要になってくる。距離を克服するためには、良質なコミュニケーションが不可欠だからだ。

画面の向こうのイヤなやつ

文字だけでやりとりするとき、人は悪いほうに流されやすくなる。ちょっとした言葉のあやが、大がかりなケンカを引き起こすかもしれない。トラブルの芽は一瞬のうちに摘《つ》み取らないと、疑いの気持ちがどんどんふくらんでしまう。

これが、リモートワークの大きな課題のひとつだ。メンバーのコミュニケーションを健全に保ち、みんなが前向きに気持ちよく働けるようにすること。もしも利己的で口の悪い人間が集まっていたら、チームの雰囲気は最悪になってしまう。

いい人ばかりのチームでも、トラブルと無縁ではいられない。仕事が行きづまっているときには、つい人に厳しくなるものだ。それをふせぐ最善の方法は、なるべく前向きな人間を集めること。みんなの気持ちを思いやり、チームの雰囲気を盛り上げてくれるタイプの人が必要だ。

気持ちは、伝染する。ポジティブな気持ちも、ネガティブな気持ちもだ。

だから、チームの雰囲気にはつねに気をつけておいたほうがいい。ネガティブな人間がいると、チームの雰囲気は確実に悪くなる。リモートワークの環境なら、なおさら致命的だ。

リモートで働いていると、部下のひそかな不満や異変に気づきにくい。これはかなり危険なことだ。だからリモートでチームをマネジメントするときには、「割れ窓理論」の精神でやったほうがいい。

「割れ窓理論」とは、ちょっとした非行を抑止することが大きな犯罪の抑止につながるという理論のことだ。90年代のニューヨークではこの理論にもとづき、窓を割ったり改札を飛び越えたりといった軽微な犯罪を徹底的に取り締まった。その結果、街の治安は目に見えて改善した。

リモートワークをマネジメントするときにも、このやり方が有効だ。刺《とげ》のあるコメントや、逆ギレの反応。そうした小さな行動を、ひとつひとつ注意していく。はじめはマネジャーが目を光らせるしかないが、社員全員がおたがいに指摘できるようになればより効果的だ。

経理ソフトのフリーエージェント社もこの問題に直面した。

「メールやチャットで議論を深めるときには、注意が必要だ。メッセージの口調をうまく調整するのは難しい。ちょっとした一言が、相手を傷つけてしまう。あまり親しくない相手ならなおさらだ。我々は当初、この問題に何度も頭を悩ませることになった」

基本はシンプルだ。いやなやつは、雇わない。

ただしリモートワークではもうすこし念入りに、「いやな言葉」「感情的な対立」「悪いムード」を徹底的に排除していくことが大切だ。

仕事ひとすじの社員はいらない

「仕事の成果で評価する」ことを徹底していると、背後にいる人の存在を忘れてしまうことがある。

でも、いい仕事に必要なのは、朝から晩まで仕事のことしか考えないロボット集団ではない。技術だけを追求するのは浅はかだ。スマートな問題解決や最新のデザインは、技術と人生経験の交わるところに生まれる。

異論もあるけれど、リモートワークが生活の幅を狭める可能性があるのは事実だ。大企業のオフィスは、さまざまなものを提供してくれる。会社によってはジムやレストラン、クリーニングのサービスまでそろっている（シリコンバレーではめずらしくない光景だ）。それに、社員どうしの飲み会もある。職場でいろんなことをやりたい人には、魅力的な環境だと思う。

100%、人間です。

それにくらべて、リモートワークが提供できることは少ない。だからメンバーが引きこもらないように、細心の注意を払う必要がある。仕事以外に目を向けられるメンバーを集め、さらに趣味を広げていくことができれば理想的だ。

僕らの会社は、社員の活動の幅を広げるためなら協力を惜しまない。

たとえばクリスマスには、企画つきの旅行をプレゼントする。パリで料理を学ぶ体験旅行や、ディズニーランドへの家族旅行。家族や友人との思い出を増やし、あらたな場所やスキルに出会ってもらうためのプレゼントだ。

趣味も全力で応援する。自転車レースやトレッキング、モータースポーツ、彫刻、ガーデニングといった趣味のリストをつくり、そうした活動のためなら自由に休みをとれるようにしている。

もちろんオフィスで働く人たちにも、趣味くらいはあるだろう。でも、趣味を応援するために休暇や支援金まで与えている会社は多くない。

ひらめきや創造性は、多様な経験のなかから生まれてくる。リモートワークをとりいれるなら、社員の生活の幅を広げるためにどんどん支援したほうがいい。メンバーに生き生きと働いてもらうためなら、それくらいは安いものだ。

なぞなぞで仕事の質は測れない

ちょっとしたクイズに答えるだけで、その人の能力が一目瞭然。職歴を調べたり何度も面接したりしなくても、一発で合否を決められる。人材採用の担当者なら、そんな夢を見たことがあるだろう。

マイクロソフト社は90年代、謎かけやクイズで候補者の能力を測っていた。『ビル・ゲイツの面接試験――富士山をどう動かしますか？』という本が売れに売れ、クイズでクリエイティブな人材が発掘できるという考え方は世界的なブームになった。

でも、そんなのはデタラメだ。架空の問題を解く能力があるからといって、会社で活躍できるとはかぎらない。なかにはクイズが得意で仕事もできるという人はいるだろうが、クイズだけ得意で仕事ができない人も同じくらいたくさんいるはずだ。

それから、適性検査というのもあやしい慣習だ。ずらりと並んだ質問に答えさせて、その人の性格傾向を判断する。そういうテストが役に立たないとはいわないが、せいぜい面接で会ったときの印象を補足するものにすぎない（念のためにいっておくと、リモ

面接試験、何がでるかな？

ートの採用でもやはり面接は必要だ）。

クイズや適性検査は、候補者の資質を間接的に映しだすツールにすぎない。はっきりいって、大学の成績程度にも参考にならないと思う。なぜ、そんな回りくどい方法をとるのだろう？

コピーライターを採用するなら、実際にコピーを書いてもらえばいい。コンサルタントなら、レポートや分析結果を見せてもらう。プログラマならコードを、デザイナーならデザインを提出してもらう。そのほうが、クイズなんかよりずっとわかりやすい。

リモートワーカーを雇う場合、こうしたやり方がとりわけ重要になってくる。実際の仕事でも、成果物を通したコミュニケーションが中心になるからだ。仕事の質が悪ければ、ひと目でわかる。

クイズやら何やらで推測を重ねても、肝心の成果物の出来が悪ければ何の意味もない。

デザイナーやプログラマなど、目に見えるものをつくる仕事なら、サンプルを提出してもらうのは簡単だ。でも、なかには目に見えにくい仕事もある。その場合は、実際の職場で出会う問題をシミュレーションすればいい。

たとえば僕らの会社では、カスタマーサポートの候補者に次のような質問をして、メールで回答を送ってもらう。

・プロジェクト管理ツール「ベースキャンプ」には、タイムトラッキング機能がついていますか?

・ベースキャンプの最新版は、英語以外の言語にも対応していますか?

・どの製品を選ぶべきか迷っています。ハイライズとベースキャンプにはどんなちがいがあるのでしょう?

・ベースキャンプのクラシック版を何年も使っていますが、新しいバージョンがでているのを知りました。新しいバージョンにすると、何がよくなりますか?

これらは、サポートに日々寄せられるリアルな質問だ。もちろん選考の段階でこういうことを暗記している必要はないが、ちょっと製品について調べればすぐにわかる内容になっている。仕事のできる人なら、うまく答えられるはずだ。

世界各地からたくさんの履歴書が送られてくるのだから、無駄なことに時間を費やす余裕はない。まずリアルな仕事をやらせてみて、できる人だけを面接に進ませたほうがい。ちょっと職歴が魅力的なくらいで、はるばる面接に来てもらうのは効率が悪すぎる。

肝心なのは、仕事ができるかどうか。仕事の成果に注目し、その他の小細工は放っておこう。

地域で賃金差別をしない

人件費を削減するために、賃金の安い国や地域の人を雇うという戦略がある。業種によってはうまくいくこともあるが、頭脳労働のリモートワークについていえば、あまり関係のない話だと思ってもらったほうがいい。

「ニューヨークよりカンザスのほうが給料を低く抑えられる」と考えるより、「カンザスの優秀な人を雇って、ニューヨーク並みの給料を払えば、とても満足して働いてもらえる」と考えよう。

有名企業の集まる都会で世間並みの給料をだしている場合、ほかの企業に人材を引き抜かれる不安がつきまとう。隣の会社がいまより高い給料をだすというなら、転職した

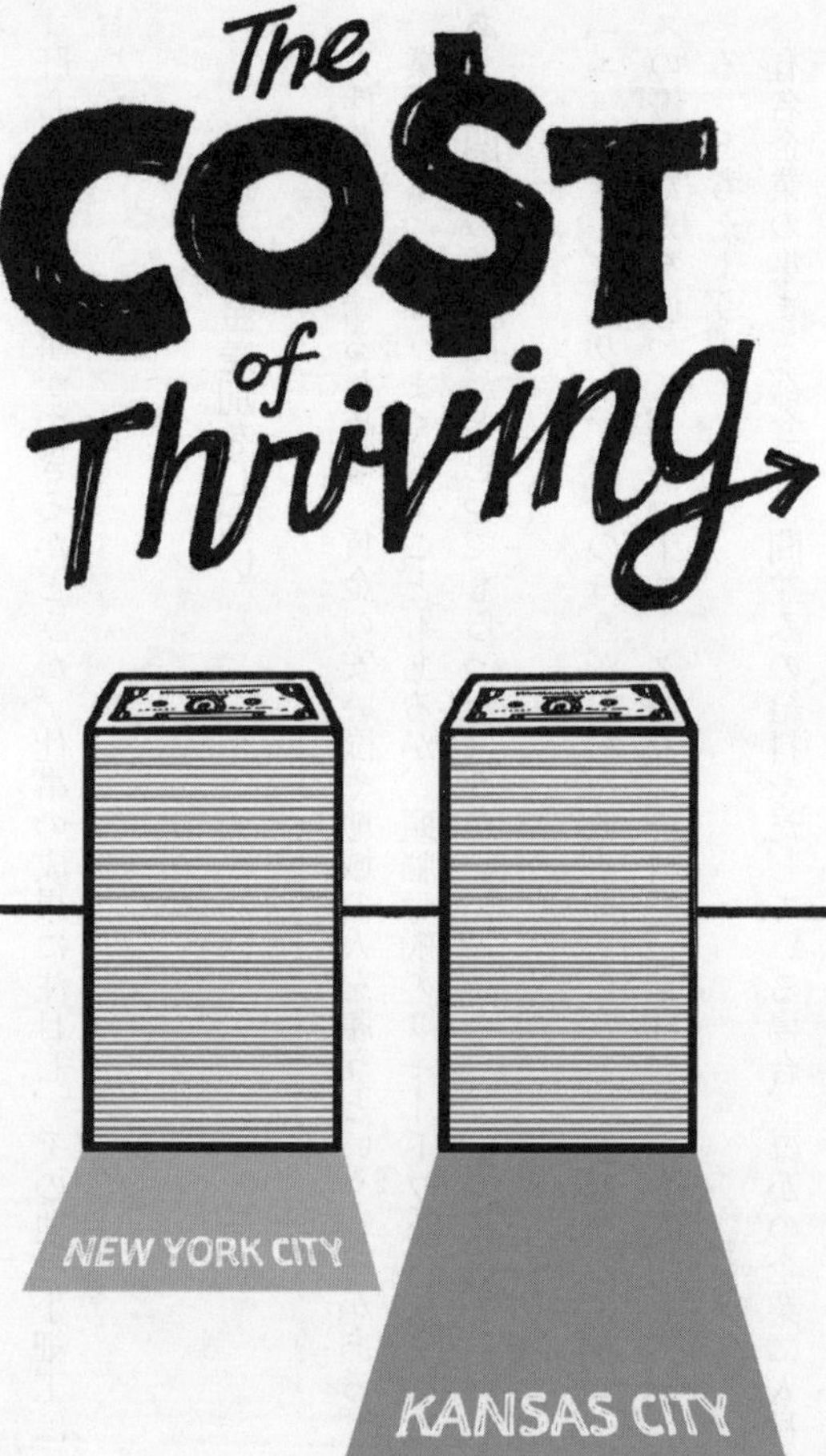
The
CO$T
of
Thriving
NEW YORK CITY
KANSAS CITY

給料は公平に

いと思うのが自然だ。

一方、どこかの田舎町で優秀な人材を雇って都会並みの給料を払った場合、ほかの企業に引き抜かれる可能性はかなり低くなる。その地域には、同じくらいの給料をだす会社がほとんどないからだ。

僕らの会社は、生活費の安い地域の人にも都会並みの給料を払っている。だから、社員の定着率はとても高い。チェイスは2年前からうちで働いているし、ジムダースは4年、ジェイミスは7年も勤続している。ほかの業界ならともかく、ソフトウェア業界でこれだけ長く同じ会社に勤める人なんて、めったにいないはずだ。

いまのところ、リモートワークを取り入れている会社はそれほど多くない。給料に地域差をつけない会社はもっと稀《まれ》だ。だから、それをやるだけで他社に大きな差をつけられる。世界中の優秀な人材が、あなたの会社で働きたいと思ってくれるはずだ。

リモートワークは、給料をケチるための口実じゃない。節約なら、給料以外のところで十分にできる。

田舎に住んでいるからといって、その人の価値が下がるわけじゃない。それなら、給料を低くする理由なんかないはずだ。田舎に住む人を、不当に低く評価するのはまちがっている。

あなたがリモートワークで働く立場なら、けっして生活費が安いからという理由で給料を下げさせてはいけない。「同一労働同一賃金」というスローガンは聞き飽きているかもしれないが、正当な根拠のある主張だ。もしも場所を理由に給料を下げるようなことを許したら、次は何が理由にされるかわからない。いい仕事をしているなら、いい給料を受けとる資格がある。胸を張ってそう主張しよう。

有能な社員の見分け方

リモートワークでは、能力をごまかすことが難しい。

同僚とおしゃべりをする時間が減って仕事の成果が注目されるし、オンラインのリポジトリで成果物を集中管理するようになれば、作業の記録がすべて残るからだ。誰がどれくらいの時間で何をやったか、いつでもひと目で確認できる。

謙虚で仕事ができるタイプの人は、もう悔しい思いをしなくてすむ。

リモートワークができる人は、仕事ができる人

従来のオフィス文化では、大声で自分の成果を自慢しなければうまく評価されなかった。でもリモートの環境なら、黙っていても成果物があなたの能力を証明してくれる。

一方、口先ばかりで仕事をしていなかった人は、もう逃げ場がなくなるはずだ。

リモートワークは、これまであまり注目されてこなかった真実を明るみにだすことになる。

リモートで仕事ができる人は、もともと仕事ができる人なのだ。

『ジョエル・オン・ソフトウェア』の著者ジョエル・スポルスキーは、「有能」かつ「仕事をやりとげる」人材に価値があると説いている。[13] まさにリモートワークに求められる資質だ。

みんなの成果が目に見えるようになれば、誰が本当に有能なのかは一目瞭然。言葉にしなくても、暗黙のうちに共通の理解ができてくる。

もしも成果物が欠陥だらけなら、その人が有能でないことは明らかだ。時間がかかりすぎるなら、仕事をやりとげる力が足りないということになる。

毎日オフィスにいると、そういうことが見えにくい。仕事以外の印象で評価が決まることも多い。

〈遅刻や欠勤をしない〉＋〈いい人〉＝〈仕事ができる〉という、まちがった回路ができてしまうのだ。

もちろん、オフィスで働いていても、いずれは化けの皮がはがれてくる。ただし、問題が深刻になるまで放置されることがほとんどだ。だから多くのオフィスは、愛想と出勤態度だけは文句なしの、凡庸な人材で埋めつくされてしまう。

リモートワークになれば、使えない人材はすぐに明らかになる。経営はまず人選ありき。不適切なメンバーをすみやかにバスから降ろし、適切なメンバーをバスに乗せよう。[14]

文章力のある人を雇う

リモートワークには、文章力が欠かせない。メールやチャットや掲示板で話しあいをするのだから、文章で相手に伝える力が必要だ。あなたが採用する側の人間なら、候補者の文章力を判定基準に入れたほうがいい。

採用活動をするときには、履歴書や職務経歴書よりも、カバーレター（添え状）を重視しよう。

ON WRITING WELL

文章力を磨こう

履歴書や経歴書は、たいてい実際以上によく見せようと工夫されている。どんなにすばらしい経歴が書かれていても、あなたの会社で活躍してくれるかどうかはわからない。その点、カバーレターの文章なら、その人が必要条件を満たしているかどうかがひと目でわかる。リモートワーカーを雇うなら、まともな文章も書けない人はすぐに候補から外すべきだ。

昨今の採用活動は厳しい世界だ。僕らの会社でも、募集をかけたとたんに一気に150人も押し寄せてきたりする。それだけの人を選別するのに、じっくり時間をかけているわけにはいかない。では、1人あたり何分くらい考慮するのだろうか？　実をいうと、30秒もかければ長いほうだ。10秒かからないこともある。

応募者が多すぎて、それが精いっぱいなのだ。そして僕らの場合、カバーレターをざっと見てその人の合否を決める。

文章力に自信がない人も、落胆しないでほしい。練習すれば、文章はうまくなるからだ。

生まれつき文章がうまい人なんてめったにいない。誰だって、何かしらの形で練習を積んできたのだ。そもそも、ヘミングウェイみたいな文豪になれといっているわけじゃない。ある程度のレベルまでなら、いまからでもなんとかなる。

ただし、本気でやらなければけっして成功しない。

文章がうまくなる方法はただひとつ、読むことだ。上手な文章を読みまくって、いいたいことを伝える方法を研究しよう。文体は二の次でいい。まずは明晰さだ。

さらに本気で文章がうまくなりたいと思うなら、文章術の本を読んでみるのもいいだろう。

テストプロジェクト

人材採用は、仕事の能力で決めるべきだ。それはオフィスでもリモートでも同じ。履歴書では、その人の能力はわからない。

そこでありがちなのが、過去のプロジェクトの成果を見て採用を決めようという考え方だ。実際、履歴書よりも具体的な仕事のほうが参考になる。ただし、そこには落とし穴もある。

その仕事は、いったい誰の成果なのだろう？　ひとりでやったのか、それともチームでやったのか。そこにはどんな制約があったのか。期待されるより早く仕上げたのか、

テストプロジェクト（報酬つき）

時間がかかりすぎたのか？
わからないことが多すぎる。

候補者の仕事ぶりを知るためのベストな方法は、実際に試してみることだ。本格的に採用する前に、1週間か2週間だけお試し採用をして、小さなプロジェクトをやりとげてもらうのだ。もちろんタダ働きではなく、ちゃんと給料を払う。僕らの会社では、ひとり1500ドルくらいを支払っている。タダで働かされるほど嫌なことはないからだ。

現在仕事をしていない人なら、1週間そのプロジェクトに専念してもらう。就業中の人なら、期間は2週間。夜や週末を利用して、働きながらとりくんでもらうからだ。

プロジェクトの内容は、職種によって異なる。デザイナーなら、たとえばウェブサイトや製品の新しいデザインを考えてもらう。プログラマなら、1週間で何か新しいアプリケーションをつくってもらう。ライターなら、実際に文章を書いてもらう。

内容が何であれ、リアルなプロジェクトをやるというのがポイントだ。いま僕らが直面している課題にとりくんでもらうのだ。空想上のパズルを解いてみても、仕事ができるかどうかはわからない。

現実の問題を解決するほうがおもしろいし、ずっと有意義な結果になるはずだ。

ランチで人柄を見る

あなたが採用担当者だとして、リモートで人を採用するには、どうしたらいいのだろう？

これまでの採用活動と、何がちがうのだろうか？

候補者のスキルや経験が求める基準に達しているなら、次は会社の文化にあう人間かどうかを見極めるフェーズだ。そのためには、実際にその人と会ってみる必要がある。リモートワーカーを採用する場合でもそれは同じだ。相手の性格は、実際に会ってみないとわからない。

時間を守れるか。態度は礼儀正しいか。人柄はいいか。他人にやさしいか。チームのみんなと気があいそうか。

直接会って話してみれば、そういうことが肌で感じられるはずだ。

僕らの会社では、まず大量の応募者のなかから、書類の段階で2～3人に絞り込む。

オフィスへようこそ

それから、飛行機のチケットを買って1人ずつシカゴの本社に来てもらう。もう仕事のスキルがあることはわかっているので（そうでなければわざわざシカゴに招待しない）、見るべきは相手の人柄だ。

つまり、その人のことを好きになれるかどうかだ。

まずはランチを食べながら、カジュアルに話をする。ランチの相手はマネジャーではなく、一緒に仕事をすることになる同僚たちだ。今後仕事をするうえで、マネジャーよりも同僚とやりとりする時間のほうがずっと長い。チームのみんなと気があわなければ、仕事をうまくやっていくのは難しい。

ランチから戻ってきたら、今度はマネジャーと軽く話をする。そのあとは、1日オフィスで自由にすごしてもらう。仕事を手伝ってもいいし、ただ眺めていてもいい。一緒にやっていけそうかどうかを、おたがいに判断するための時間だ。

そして候補者が帰ったあと、一緒にランチに行ったメンバーから印象を聞く。感じはよかったか、一緒に働きたいと思ったか、店の人に対する態度はどうだったか、他人を見下していないか、うちの会社の雰囲気にあいそうか。未来の同僚になるメンバーたちに、率直な感想を聞かせてもらう。

もしも本社にいるメンバーが少ないなら、リモートで同じようなことをしてもいい。

たとえばグループのビデオチャット（グーグルハングアウトなど）に集まって、雑談をしてもらうのだ。直接会うのが理想だが、できない場合はオンラインでもなんとかなる。

そして最後に、その人の能力と人柄について話しあい、最終的な判断をくだす。めでたく採用になったら、最初の数週間はシカゴのオフィスに呼び寄せて、しばらくみんなと一緒に働いてもらう。いきなりリモートにするよりも、そのほうがチームになじみやすいからだ。メンバーの顔と名前を覚え、雰囲気を肌で感じてもらう。

そうやって雰囲気や仕事の進め方に慣れておけば、スムーズにリモート勤務を開始できる。

短期契約で相手を知る

リモートワークの練習法でいちばんいいのは、しばらくフリーランスで働いてみることだ。

フリーランスで仕事をするためには、さまざまな管理スキルが必要になる。自分で無理のないスケジュールを立て、定期的に進み具合を報告し、あいまいな要求をきちんと

フリーランスでスキルを磨こう

成果物に落とし込まなくてはならない。

これらはすべて、リモートワークに必要とされるスキルだ。

一定期間の業務委託契約は、雇う側にとっても働く側にとっても都合のいいやり方だ。おたがいに、相手とこの先やっていけるかどうかを試すことができる。

あわてて社員になる前に、まずはフリーランスで契約してみて、ダメな会社だったらさっさと手を引けばいい。契約期間が切れれば、あなたは自由だ。いやな会社に縛られることなく、すぐに次の会社を探しにいける。

ちなみにフリーランスの人たちに聞いてみると、世の中にはどうしようもない発注元があふれているようだ。運良くまともな会社にめぐりあったら、しっかり関係を築いておこう。

いくつかの会社から仕事を受けてみて、失敗を重ねるうちに、リモートワークに向いた会社の特徴がつかめてくるはずだ。

リモートワークを成功させるためには、しっかりした信頼と、効率的な仕事の進め方が不可欠だ。だからリモートワークがうまくいく会社なら、概して働きやすい会社だと考えていい。

リモート時代のマネジメント

リモートワークをはじめるタイミング

仮に今日から起業するとして、最初からリモートワークでやるべきだろうか？すでにある会社の場合は、いつからリモートワークをとりいれればいいのだろう。どのタイミングで実行すれば、職場の雰囲気を壊すことなくスムーズにはじめられるだろうか？

一般的には、リモートワークをとりいれるのは早ければ早いほどいい。オフィスに集まる働き方に慣れてしまうと、移行に時間がかかるからだ。

生まれたときからコンピュータに囲まれて育った世代の子どもたちは、コンピュータ

起業の TODO リスト：リモートワークをとりいれる

の操作に何の違和感も抱かない。でもその親たちは、コンピュータを習得するのに時間がかかる。スタートが遅かったからだ。

仕事もそれと同じ。なるべく早いうちから、やり方に慣れておいたほうがいい。

といっても、リモートワークをはじめるのに遅すぎるということはない。慣れるまでは苦労も多いと思うが、重要な変化はいつだって苦労の多いものだ。みんなが一丸となって本気でとりくめば、いまの文化を変えることはできる。大切なのは、その価値を信じることだ。

まずは、いまオフィスで働いている社員たちにリモートを体験させるところからはじめよう。最初から遠隔地にいる人を雇うよりも、信頼できる社員で試してみたほうがいい。希望者を募り、週に2、3日だけ家で仕事をしてもらう。きっとやりたいという人がいるはずだ。

はじめはうまくいかないこともあると思う。でもお試し期間だから、失敗しても何の問題もない。試行錯誤をしながら、いちばんいいやり方を探っていこう。

さまざまなチームで試してみるのもいい。仕事の種類によっては、リモートワークに向くものと向かないものがあるかもしれないからだ。実際にやってみないと、どちらがいいかはわからない。

そんなわけで、リモートワークは、なるべく会社の初期にはじめるのがベストだ。それが無理なら、小さくはじめればいい。

数人の信頼できる社員を対象に、週に2、3日だけ試して感触を探ってみよう。それならリスクも少ないし、すぐに効果が見えてくる。

席を見張るのはもうやめよう

マネジャーにとっていちばんラクなのは、席を管理することだ。

全員を朝の9時までに出社させ、なるべく遅くまで会社に残らせる。昔ながらのやり方だ。生産性のことなんて誰も気にしない。

こんなやり方で、よく会社がつぶれないものだと思う。

リモートワークは、そういう古くさいマネジメントのやり方に大きな風穴を開けてくれる。

席を見張るのはもうやめよう

「定時に出社したかどうかもわからないのに、どうやって仕事ぶりを見ればいいんだ？」

席を管理することに慣れている人は、そんなふうに思うだろう。

さらに、こんなふうにいいだす人もいるかもしれない。

「部下の様子が見えないのなら、マネジャーの存在意義なんかないじゃないか！」

まあ落ちついてほしい。そもそもマネジャーの仕事は、席についているかどうかを見張ることじゃない。仕事をリードし、成果を確認することだ。

ということはつまり、仕事のことを知っていなければ、マネジャーはつとまらない。厳しい現実だが、仕事の内容に詳しくなければ、チームをうまく率いることはできないのだ。

ただし、プログラマチームのマネジメントがプログラマにしかできないといっているわけじゃない（そのほうがスムーズだが）。デザイナーチームのマネジャーにあらゆる画面のデザイン能力が求められるわけでもない（それもあるに越したことはないが）。

そうではなく、マネジャーは仕事のやり方に詳しくなければいけないということだ。

プロジェクトをやり遂げるためには、何をすべきなのか。スケジュールが遅れる可能性としてはどんなものがあるのか。行きづまったとき、どんな解決法が考えられるか。仕事をどんなタスクに分割し、誰に割り振ればいいか。そういう細かいことを把握し、スムーズに仕事を進ませるのがマネジャーの役目だ。

席を見張っていても、マネジメントはできない。いつどこで働こうと、それは各自の自由だ。

デザイナーがイギリスにいようとスペインにいようと、できあがったデザインには何の関係もない。肝心なのは時間や場所ではなく、何をやるかということなのだ。

直接会って交流しよう

決まったオフィスがなかったり、社員が好きな場所で働いていたとしても、だからといってまったく会わなくていいということはない。ときには全員で集まることも必要だ。

僕らの会社では少なくとも1年に2回、約5日間は全員で顔をあわせるようにしている。目的のひとつは、仕事の話をすることだ。とりくんでいるプロジェクトを紹介し、会社の方向性について話しあう。

春期ミーティング／秋期ミーティング

でも、もっと大事な目的は、いつもコンピュータで見ている相手と直接会って交流することだ。ずっと会わないでいると、画面上の印象だけで相手を見てしまう。とくに、新しく入ったメンバーがいるなら、かならず全員に紹介しておくべきだ。直接ふれあった相手とは、リモートでもコミュニケーションをとりやすくなる。

集まる場所はどこでもいい。僕らの場合、いまではシカゴに新設したオフィスを会場にしているけれど、以前はウィスコンシン州やカリフォルニア州など各地を転々としていた。

経理ソフトのフリーエージェント社は、スコットランドのエディンバラに本社を置いている。この街では毎年夏になると、エディンバラ・フェスティバルという世界最大のアートの祭典が開かれる。だから、その時期にあわせてメンバー全員を本社に呼び寄せる。観光もできて一石二鳥だ。

また画像素材のフォトリア社の場合、80人の社員のうち半数がリモートで働いていて、居住地は22カ国にまたがっている。前回の集まりは、全員でモロッコのマラケシュに行ったらしい。まさにインターナショナルだ。

全員で集まるほかに、プロジェクト単位で集まる機会をつくってもいいだろう。プロジェクトのゴールをみんなで迎えるのはいいものだ。

かなりきつい締め切りが迫っているときでも、仲間が一緒にいてくれれば、過酷な状況を切り抜ける助けになる。新製品のリリース前や、ソフトウェアの大規模な改修のとき。あるいはそこまで差し迫っていなくても、達成感を分かちあうために集まってもいい。

また、業界のイベントに参加するのも絆《きずな》を強めるいい機会だ。一緒に新たなことを学び、夜にはリラックスして食事や酒を楽しめばいい。

リモートで働くからといって、つねに離れている必要はない。ときには直接会って楽しみ、やる気を補充しておこう。

オープンソースから学ぼう

オープンソースの歴史は、リモートワークについて多くを教えてくれる。

オープンソースとは、インターネットでプログラムのソースコードを公開し、世界中の有志がそれを修正していくようなやり方のことだ。オープンソースのソフトウェアは

OPEN SOURCE WISDOM SERIES
OPEN SOURCE WISDOM SERIES
OPEN SOURCE WISDOM SERIES
Lessons FROM MySQL &PHP
VOLUME I
OPEN SOURCE WISDOM SERIES
Lessons FROM RUBY ON RAILS
VOLUME II
OPEN SOURCE WISDOM SERIES
Lessons FROM MEM CACHE
VOLUME III
OPEN SOURCE WISDOM SERIES
オープンソースの教え
Lessons FROM
Lessons FROM
Lessons FROM

ここ10年ほどで一気に台頭し、大企業の商用ソフトウェアを追い抜くほどになった。

時間も場所もばらばらのコラボレーションが空前の大成功をおさめるなんて、いったい誰が予想しただろう。

オープンソースのプロジェクトを見ると、最初は目を疑う。複雑なソフトウェアを完成させるのは、ただでさえ大変な仕事だ。それをわざわざ世界中の数千人のメンバーで、場所も時間もばらばらに進めるなんて、そんなの狂気の沙汰《さた》に思える。

ところが、それは成功した。世界中で広く使われているOSのLinuxをはじめ、MySQL（データベース）やPHP（プログラミング言語）、Ruby on Rails（ウェブフレームワーク）など、オープンソースの製品はどんどん成長し、普及した。もはやマイクロソフトやオラクルといった巨大企業を打ちのめす勢いだ。

オープンソースのプロジェクトは、普通の会社でソフトウェアをつくるよりもはるかに複雑だ。関わる人の数も桁違いに多い。そんな環境で、世界有数のOSやデータベースや言語が生まれているのだ。

いったいなぜ、そんなことが可能なのだろう？

Ｒｕｂｙ　ｏｎ　Ｒａｉｌｓは、僕らの会社がつくったウェブ開発フレームワークだ。その歴史はもう10年以上になるが、いまでも機能追加や修正を繰り返し、進化をつづけている。

オープンソースで公開しているので、世界中の３０００人近い開発者がソースコードに手を入れている。そのほとんどは、一度も顔をあわせたことのない人たちだ。

一般に、こういう状況では、プロジェクトが失敗するものと考えられている。〈古いコード〉＋〈度重なる機能追加〉＋〈たくさんの開発者〉＝〈ぐちゃぐちゃに絡みあった巨大なスパゲッティコードのできあがり〉というわけだ。

でも、実際にはそうならなかった。それどころか、誰も予想しなかったほど大きく成功している。なぜか？

理由はいろいろあるが、多くは本書のほかの章とも共通する内容だ。３つ例を挙げておこう。

（1）自発的なモチベーション

オープンソースに参加するプログラマは、お金のためでなく、好きだからやっている。もちろんお金になることも多いが、それが目的ではない。わくわくするような仕事にとりくんでいるときは、マネジャーが一挙一動を見張っていなくても仕事が進むのだ。

(2) オープンな情報

オープンソースのプロジェクトは、主にメーリングリストと、ＧｉｔＨｕｂなどのコード管理ツールを利用して進められる。すべて公開されているので、興味のある人は誰でも自由に情報を見ることが可能だ。たまたまその分野に詳しい人が見て、すばらしい解決策を教えてくれることもある。

(3) リアルな交流

オープンソースのプロジェクトが軌道に乗ってくると、開発者たちが一堂に会するカンファレンスが開かれたりする。勉強会も各地でおこなわれている。世界中の開発者と直接会って、交流を深めるチャンスだ。会社の全社ミーティングと同じような効果がある（もちろん出席は必須ではないが）。

もしもリモートワークに不安を感じているなら、こう考えてみよう。

「少なくとも、世界各地の３０００人の開発者でひとつのものをつくろうとしているわけじゃないんだ」

　自分のプロジェクトなんて、とても扱いやすいものに思えるはずだ。

社内の格差をなくそう

　リモートワーカーとオフィスワーカーのあいだに、格差ができることがある。とくにリモートワーカーの割合が少ないときには、少数派ということで肩身が狭くなりやすい。こういう傾向は、人間社会にはつきものだ。だから意識的なとりくみが必要になってくる。

　格差はささいなことから生まれる。ありがちなのは、ミーティングに安物の通信機器を使っていて、リモートの人に声が聞こえないこと。あるいはオフィスのどこかで、いつのまにか議論が進んでいることもある。

「ああそれね、昨日こっちでジョンと話しあって、却下することになったんですよ」

　リモートワークをとりいれるなら、全員が平等に働けるようにするべきだ。会社の中にいようと外にいようと、同じ立場で話ができなくては困る。

LOCAL
REMOTE
格差をなくそう

これは簡単なことではないが、うまい解決法としては、上層部の人間にリモートで働いてもらうという手がある。変化を起こせる立場の人に、身をもって格差を体験してもらうのだ。自分が当事者になれば、なんとかしなくてはという危機感が生まれてくる。

90年代のニューヨーク市では、地下鉄の荒廃が大きな問題になっていた。備品は壊され、犯罪が多発した。これを解決するため、ニューヨーク市警のウィリアム・ブラットン本部長は、市警幹部たちを地下鉄で通勤させることにした。地下鉄のひどい状況を、身をもって知るためだ。現場を知った幹部たちは一念発起し、まもなく地下鉄の治安は改善されたという。

といっても、リモートワーカーの気持ちを理解するために、わざわざ別の街に引っ越す必要はない。週に何日か家で仕事をするだけでも十分だ。

もし可能であれば、別の街にマネジャーを置くのもいいだろう。たとえばデザイナーズ家具のハーマンミラー社でマネジャーをつとめるベティ・ヘイズは、シカゴに住みながらニューヨークの上司の下で働き、全米に散らばる10人の部下たちをうまくマネジメントしている。

リモートワークの格差をなくすための原則は、いたってシンプル。

高性能な通信機器を使い、全員の声をクリアに届けること。画面共有ツールを使い、どこにいても同じ画面が見られるようにすること。議論はなるべくメールやチャット上でおこない、知らないうちに意思決定されているのをふせぐこと。そして何よりも、相手の立場に立ってものを考えることだ。

1対1で話をしよう

社員1人ひとりと話をすることは大切だ。とくにリモートワークの場合、意識して頻繁に声をかけたほうがいい（どうせオフィスワーカーとはしょっちゅう顔をあわせているのだから）。

僕らの会社では、2カ月に一度くらいのペースで、リモートワーカー1人ひとりに電話をかける。本当は毎月できるといいのだが、いまのところこれで問題なくまわっている。

こうやって話をすることを、僕らは「ワン・オン・ワン」と読んでいる。1対1という意味だ。ポイントは、リラックスしていろいろな話をしてもらうこと。特定の議題について話すのではなく、「最近調子はどうだい？」という感じでゆるく話をする。

1対1で話をしよう

時間は1人あたり20～30分といったところだが、念のために1時間は予定を空けておいたほうがいい。話が盛り上がってきたところで、無理に切りたくはないからだ。

ワン・オン・ワンの目的は、コミュニケーションの扉を開けておくこと。フランクに何でも話せる機会をつくっておけば、気づかないうちに不満が溜まって爆発する事態は避けられる。

やる気というのは、脆《もろ》いものだ。ちょっとした不満で、まったく仕事が進まなくなることもある。だから、とくにリモートワークの場合は、相手の様子を定期的にチェックしたほうがいい。半年や1年に一度の査定面談しか話すチャンスがないのでは、あまりにも少なすぎる。

それに、年に一度の査定面談では、日々の細かなことについて話しにくい。たいていは翌年の目標や、昇進と給与の話だけで終わってしまう。でも本当に重要なのは、日々のささいなことだ。いろんなタイミングで持ち上がってくる不満や懸念を、そのまま放置してはいけない。

ありがたいことに、どんなに離れたところに住んでいる人でも、みんな電話の使い方は知っている。

とりあえず受話器をとって、何でもいいから雑談しよう。用事なんかなくてもいいから、様子をチェックしてみよう。

きっと、驚くほど多くの問題が見えてくるはずだ。

無駄な承認や手続きを根絶しよう

リモートで仕事をやりとげるコツは、無駄な待ち時間をなくすことだ。

2時間も3時間も机の前で爪を噛《か》みながら、上司の承認を待っているなんて意味がない。本社の人しかできない作業で前に進めなくなり、ひたすら出社を待ちわびるのも無駄すぎる。

9時5時の世界で働いていると、そういうボトルネックの重大さに気づきにくい。ソフトウェアの新バージョンを展開できるのがジェフひとりだとしても、目の前の席にいて頼むだけなら何の問題もないからだ。

あるいはユーザーへの返金処理が、ジェイソンの許可なしには進められないとしよう。同じオフィスにいれば声をかけるだけでいいけれど、リモート環境ではジェイソンの出社をじっと待つはめになる。

障害を蹴散らそう

無駄な待ち時間をなくすためのベストな方法は、そういうボトルネックをすべてとりのぞくことだ。

まずは、誰かの承認というしくみをやめて、みんなが自分の判断で行動できるようにする。承認なしでは行動できないほど信頼のない社員ばかりなら、あなたの会社は不適格な人間を採用しているということだ。

実際には、そんなダメ社員ばかりの状況はめったにない。ではなぜ承認をするのかというと、失敗が非難される文化のせいだ。だから責任を回避するために、みんな承認に頼るしかなくなってしまう。

でもそんなやり方は、リモートワークの時代にはそぐわない。

誰にでも失敗はある、という事実を受け入れよう。誰も失敗したくてしているわけじゃない。失敗した部下を責めるのではなく、成長に必要なコストを払ったと考えよう。

次にやるべきことは、みんないつでも必要な情報にアクセスできるようにすることだ。

多くの会社は、やり方が逆だ。つまり、特定の情報が必要な人にだけアクセス権を与え、当面必要ない人からは見えないようにしている。でも、なぜそんなことをするのだろう？

軍隊や、ものすごく重要な機密情報を扱う会社なら、そういうやり方もありなのかもしれない。でもそれ以外の状況で、社員に見せられない情報がどれだけあるだろうか。ほとんどの場合、情報を隠すことは、みんなの仕事の邪魔になるだけだ。

こういうやり方の背景には、マネジャーの妙なプライドの問題がある。誰かに「承認してください」といわれると、偉くなったような気がするのだ。ばかばかしいと思うかもしれないが、この問題は意外と根深くはびこっている。

何でも自分の承認を通さないと気がすまないマネジャーというのは、現実に存在する。でも、そういう人は単なる仕事の邪魔。無駄な承認や手続きを撤廃して、もっと意味のある仕事にとりくんでもらったほうがずっと生産的だ。

僕らの会社では、承認や手続きを極力減らすため、いくつかの思いきった手段をとった。

たとえば、社員は全員、会社のクレジットカードを持っている。「常識的に使ってほしい」という以外は、とくに何の制約もなし。だから必要な備品を購入するのにも、経費申請の面倒なプロセスを経なくていい。レシートをメールで送ってもらうだけだ。

また、休暇の申請も必要ない。いつでも好きなだけ休暇をとることが可能だ。社員にお願いしているのは3点だけ。（1）妥当な範囲内にとどめること、（2）カレンダーに予定を入れること、（3）チームに迷惑をかけないように調整すること。

そうやって一人前の大人として扱えば、彼らもけっして無茶はしない。期待に見合うだけの、責任ある行動をとってくれるはずだ。

怠けよりも働きすぎに注意しよう

リモートワークについての報道を見ると、怠けて働かなくなるというイメージが一般的なようだ。でもリモートワークの本当の危険は、働かないことではない。働きすぎてしまうことだ。

従来のオフィス勤務の場合、多少の残業はあっても、最終的には家に帰らなくてはならないという区切りがあった。ところがリモートワークには、そういう明確な区切りがない。

とくに、時差がある地域の人と一緒に働いていると、1日の終わりという概念が見えなくなってくる。朝でも夜でも、ログインすればとりあえず誰かが働いているからだ。

働きすぎ注意！

たとえ時差がなくても、安心はできない。家で働いていると、仕事とプライベートの境界線はどうしてもぼやけてくる。いつでも仕事ができるので、たとえば朝から夕方までみっちり働いたあと、夜の9時にアイデアを思いついてそのまま仕事というパターンに陥りがちだ。

人は油断すると、仕事にハマってしまう。

「旦那が友だちと夕食に行くらしいから、今夜中にこのプロジェクトを片づけようかな」

「週末は雨みたいだし、家にこもって来週の会議用のレポートをまとめておこう」

そんなふうに、暇さえあれば仕事をする癖がついてしまうのだ。

会社側から見れば、おいしい話に見えるかもしれない。残業代を払わなくても必要以上に働いてくれるなんて、夢みたいだ。

ところが、現実はそんなに甘くない。仕事がすべてになってしまうと、人はすぐに燃え尽きてしまうからだ。たとえ大好きな仕事でも、そればかりの生活に耐えられるものではない。むしろ仕事好きな人ほど、限界が見えずに行きすぎてしまう危険がある。

働きすぎをふせぐためには、チーム全員でお互いに目を光らせておくことだ。そして何より、チームをまとめるリーダーや経営者が「働きすぎはよくない」というムードをつくっていく必要がある。リーダーが残業好きだと、部下もそれに引きずられてしまう。

僕らの会社では、働きすぎをふせぐためにユニークなしくみを用意している。たとえば5月から10月にかけては、週の休みを1日多くする。気候のいい時期に、なるべく外にでて息抜きをしてほしいからだ。また社員の趣味活動を支援しているし、クリスマス休暇にはさまざまな企画旅行をプレゼントしている。

働かないチームはいらないが、仕事ひとすじのチームも困りものだ。うまく息抜きできる人のほうが、長く安定して成果をだしやすい。

働きすぎず、休みすぎず。週40時間くらいが、ちょうどいい目安になるだろう。

少ないことはいいことだ

人は、少ないものに価値を見いだす。希少なものを保護し、大切にする。

逆に、ありあまるものは無駄づかいする。たくさんあればあるほど、価値は下がっていくものだ。

リモートワークをとりいれると、直接顔をあわせる機会は減る。これは一見、大きな

直接会える時間：プライスレス

デメリットに思える。面と向かって話したほうが早いのに、わざわざ電話やメールやビデオチャットを使うなんて、なんとわずらわしいんだろう。同じオフィスにいたほうが、ずっと手っ取り早いじゃないか？

たしかに直接会って話をしたり、ミーティングをしたりするのは大切だ。複雑でデリケートな問題について話しあうときには、相手の雰囲気を感じとれたほうがうまくいく。

しかし一方で、いつも顔をあわせていると、「会う」ことの価値が下がってしまうのも事実だ。せっかく質の高いコミュニケーションができるチャンスなのに、みんな慣れすぎて惰性になってしまう。いくらでも無駄づかいできるものだから、メールなら5分ですむ内容を、くどくどと45分も話していたりする。

おしゃべりも悪いものではないが、多すぎると害になるだけだ。

リモートワークでは、けっしておしゃべりを無駄にしない。ほとんどのコミュニケーションがバーチャルなので（電話、メール、チャット、スカイプ等々）、直接会うことが特別なイベントと感じられるようになる。会う機会が少ないからこそ、その価値が高まるのだ。

その結果、直接話をする時間は、とても濃密なものになる。無駄にするなんて、あまりにもったいないからだ。

これは机上の空論ではない。僕らの会社では、ほとんどのメンバーがリモートで働いている。そして年に数回だけ、シカゴの本社に全員が集まる。親交を深め、いろんなことを話しあうためだ。

この数日のあいだ、社員の生産性はとんでもなく高まる。1分も無駄にしないほど集中している。もしもオフィスでつねに顔をあわせていたら、こういうことは起こらないだろう。貴重な機会だとわかっているから、みんな全力でコミュニケーションに集中するのだ。

とにかく、試してみてほしい。直接会う機会が少なくなれば、その価値は驚くほど高まるはずだ。

リモートワーカーの仕事スタイル

1日のリズムをつくる

従来の通勤文化の長所は、1日のリズムが決まっていることだ。毎日同じ時間に起きて、電車に乗って会社へ行く。夜になると家に帰って服を着替え、酒のグラスを傾ける。

もちろん人それぞれではあるが、だいたいそんなリズムができてくる。

一方、家で働く場合、時間の使い方はそれよりもずっと自由になる。毎日オフィスに閉じ込められて定時を待っている人間から見れば、夢のような話だ。

ただし、現実はそんなに甘くない。決まったリズムのない生活というのも、やってみると意外に難しいものだ。

「いつまでにどこへ行く」というルールがないと、なかなかベッドからでられない。寝間着のままノートパソコンを開いて仕事をしているうちに、いつのまにか午後になる。仕事の終わりも決まっていないので、本当なら子どもと遊んでやるべき時間にも、ずるずると仕事をしてしまう。

「パパ何してるの、テレビはじまってるよ！」

そういう気ままな生活が向いている人もいるけれど、たいていは生活のリズムが決まっていないとやりづらいものだ。厳密なルールではなくても、だいたいの区切りはほしい。

仕事と遊びの区別をつける方法はいろいろある（220頁「コンピュータを着替えよう」も参照）。

たとえば、服装を変えること。朝から晩までスウェットを着ているのはラクかもしれないが、心までゆるんでしまう危険がある。仕事モードの服と遊びモードの服を分けておけば、気持ちの切り替えがつきやすい。

別に、家でスーツを着ろといっているわけじゃない。要は、仕事と遊びの区別さえつけばいいのだ。外にでられる程度の格好をするだけでも効果がある。

ちなみに同僚のノアは、スリッパを履き分けているそうだ。仕事モードのスリッパを履くと、一気に気合いが入るという。それを真似する必要はないが、もしも朝起きてなかなか仕事モードになれないなら、ためしにまともなズボンくらい穿《は》いてみるといいかもしれない。

1日の作業を大きく3つくらいに区切っておくのもいいだろう。たとえば、情報収集と、チームワークと、集中モード。朝はメールやニュースを読んで情報収集し、昼までにチームと連携した作業をすませ、ランチのあとは集中モードで一気にタスクを片づける。

チーム内で時差があるなら、同僚の活動時間にあわせて時間をセッティングするといい。デイヴィッドはスペインにいるとき、朝の誰もいない時間を狙って集中モードに入る。アメリカのメンバーはみんなまだ眠っている時間だ。昼までにタスクを片づけると、午後は休憩をとって家族とすごす。それから夕方、アメリカのメンバーがそろっている時間になると、ふたたび仕事に戻ってチームの話しあいやフィードバックを片づけていく。

それからもうひとつ、家のなかを仕事とプライベートに区切るのも有効だ。仕事をするのはデスクだけ、と決めておくのだ。リビングのソファで仕事メールをチェックした

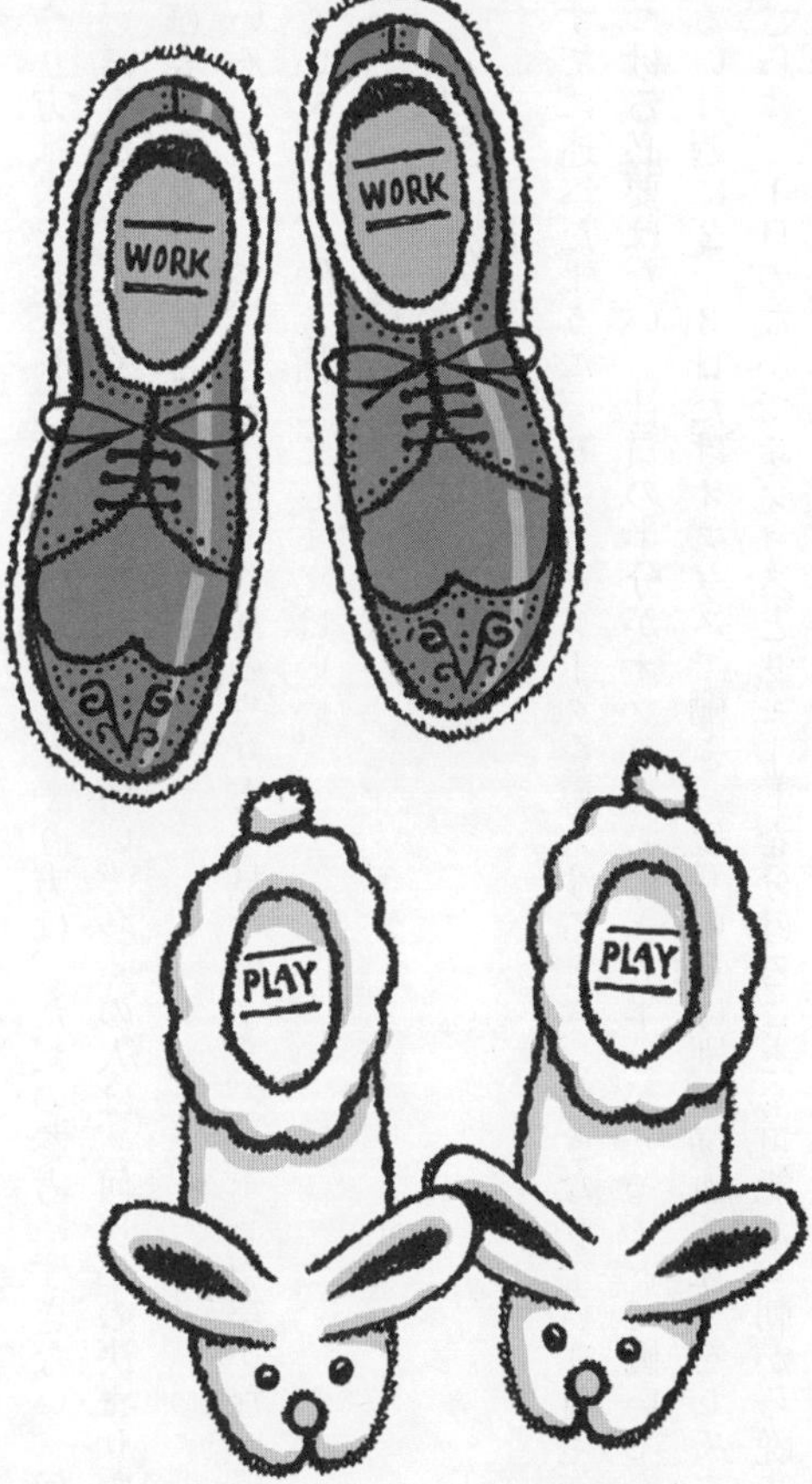

仕事靴／遊びスリッパ

り、寝室で残作業を片づけたりしてはいけない。

やり方は人それぞれだ。ここで紹介したやり方は、ただの参考にすぎない。何も決めないほうがうまくいくなら、それはそれでいい。多くの人は、何らかの決まりをつくったほうがやりやすいというだけだ。

いろいろ試して、自分にぴったりのやり方を見つけよう。ズボンを穿《は》かないほうがうまくいくなら、脱ぎ捨ててしまえばいい。

半日リモートワーカー

すでに述べたように、リモートワークを導入するとき、いきなり全員に自宅作業を押しつける必要はない。社員の半分がオフィスで働き、半分がリモートで働いてもいい。あるいは週に2〜3日だけオフィスで働き、残りの日は別の場所で仕事をしてもいい。

さらに、1日のなかでオフィスとリモートを分けることも可能だ。朝から晩までオフィスで働くかわりに、午前中は家で働き、午後だけオフィスで仕事をする。実際、僕らの会社でもそういう働き方をしている人が何人もいる。

朝はリモート／午後はオフィス

たとえばジェイソンの場合、朝はたいてい家ですごし、11時頃にようやく出社する。といっても朝寝坊しているわけではなく、朝の7時半か8時には仕事をはじめている。オフィスにいると気が散るので、しばらくは家で仕事の情報収集に集中するのだ。それが済んだらオフィスへ行き、チームでやる仕事にとりかかる。

要するに、フレキシブルにやるということだ。リモートワークは0か1かの問題じゃない。リモートとオフィスを両立することは可能だし、そのほうがスムーズにいくことも多い。オフィスに毎日来る必要があるなら、毎日半分だけをオフィスですごせばいいのだ。

ためしに出社時間を午後にずらして、午前中は各自ひとりきりで作業できるようにしてみよう。それだけで、仕事の効率は驚くほどアップするはずだ。

コンピュータを着替えよう

家で仕事をしていると、ただでさえ仕事と遊びの区別があいまいになる。ひとつのコンピュータを仕事と遊びの両方に使っているなら、これはもう致命的だ。

もちろん、仕事が終わった瞬間にメールもチャットも全部オフにすることは不可能で

News Feed
John Smith
SINGER JUSTIN BIEBER
GROWS SECOND HEAD!

↑遊びモード／仕事モード↓

JONES
PROPOSAL
JONES
PROPOSAL
FINAL

はない。でも、そんなこと誰がやるだろう？　鉄の意志を持っていないかぎり、ずるずると仕事メールを見てしまうことは確実だ。

もっと現実的な対応策は、仕事とプライベートで別々のコンピュータを使うことだ。仕事中には仕事専用の端末を使い、くつろぐときは別の端末を使う。そうすれば、仕事中に遊んだり、プライベートな時間に仕事をしてしまったりという事態を避けられる。

プライベート用の端末には、仕事で使うツールを一切入れないほうがいい。もちろんiPadひとつあればプログラムもデザインもできなくはないが、やはり仕事用のコンピュータにくらべるとやりづらいはずだ。

さらに、仕事用のコンピュータは仕事をするデスク以外で使わない、というルールを決めるといいだろう。キーボードやマウスやモニタを接続して、取り外すのが面倒だと感じるくらいにしておけば完璧だ。仕事メールを見るのにいちいちデスクまで行かなければならないとしたら、夜中にうっかりメールを見てしまうこともない。夜はゆっくりと休んで、明日のためにエネルギーをチャージするのだ。

仕事以外ではタブレットなど、使い勝手のちがう端末に切り替えるのもいいやり方だ。キーボードを打っていると仕事気分を引きずってしまうが、指をすべらせるだけならラックスモードになれる。コンピュータを使わないのは無理だとしても、使い心地に差をつければ気持ちの区切りがつきやすい。

メールやチャットのアカウントも、仕事と遊びで分けておくといい。ちょっと面倒かもしれないが、やる価値は十分にある。プライベート用のメールをチェックしているときに仕事メールまで見えてしまうと、ついつい仕事に首を突っ込んでしまいたくなるからだ。

最近ではパソコンもタブレットも安くなった。2台め3台めの端末を持つのは、まったく難しいことじゃない。

iPadは、リラックス用の部屋着だと思ってほしい。家でくつろぐには最高だけれど、仕事にはちょっとラフすぎる──そんなコンピュータに着替えて、プライベートの時間を楽しもう。

人ごみは仕事スイッチ

オフィスを離れて働くのは、本当に効率がいい。誰もあなたを邪魔できないからだ。

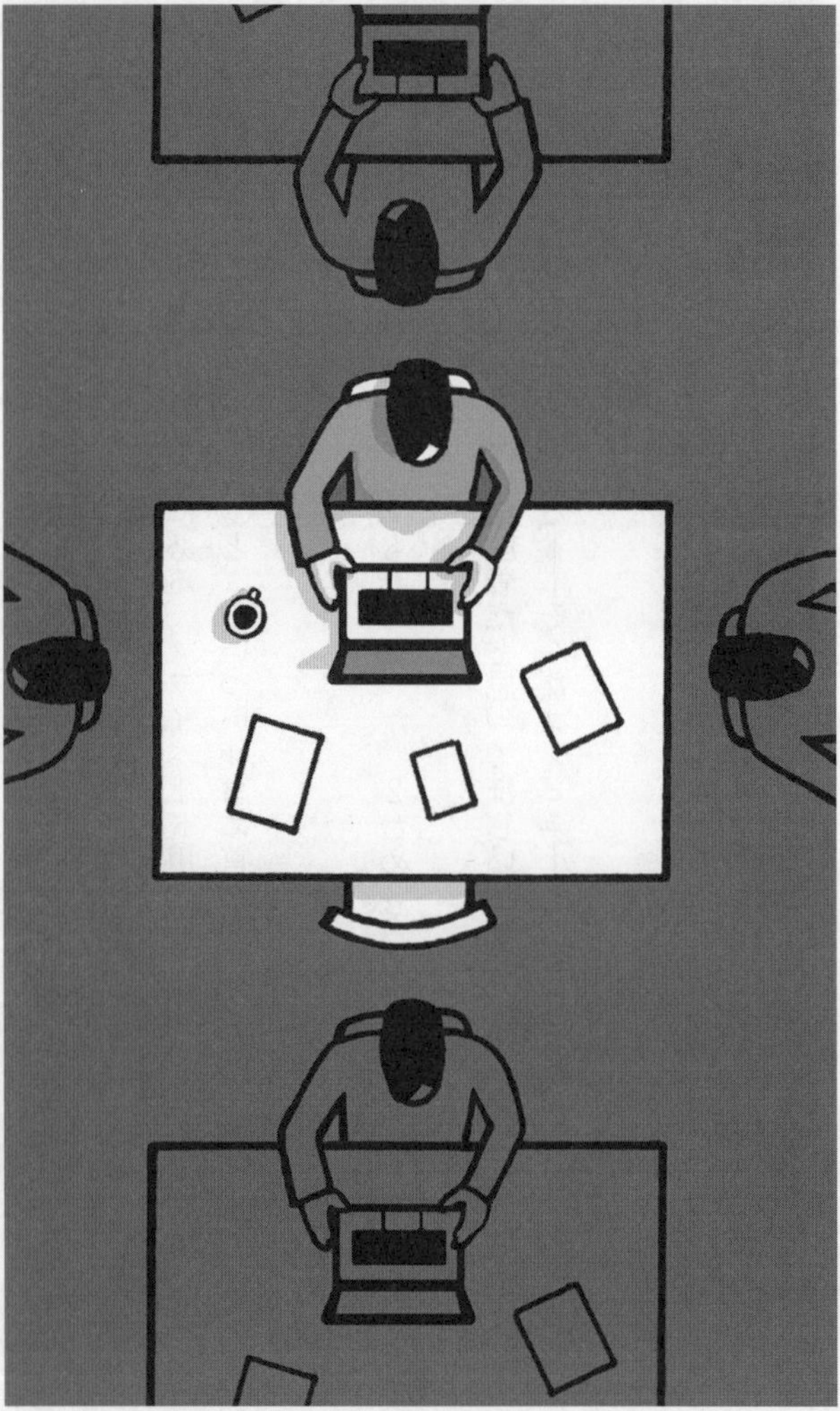

たしかに、上司や同僚はメールを送ってくるかもしれない（1時間ほど放置しておけばいい）。チャットで話しかけてくるかもしれない（「取り込み中」にしておけばいい）。それでも、無理やりあなたの集中をとぎれさせることはできない。あなたが受け入れないかぎり、彼らの声は届かない。

では、他人がいない環境のマイナス面は何だろう？ まったく問題ない人もいるけれど、人によっては、ひとりきりだと仕事に集中できなくなることがある。そういう人のために、シンプルな解決策を教えよう。

ノートパソコンを持って、Ｗｉ－Ｆｉのあるカフェに行けばいいのだ。

カフェには、人がたくさんいる。見ず知らずの他人だから邪魔されることはないし、人びとのノイズを聞きながら仕事に集中できる。

わざわざ人の多いところに行くなんて、逆効果だと思うかもしれない。でも他人がいる環境のほうが、無意識のうちに、仕事をしようという気分になりやすいのだ。平日の昼間にわざわざカフェまで来て、おもしろ動画を見たりゲームをしたりしているだけでは、どうも気持ちが落ち着かない。

使える場所は、カフェ以外にもたくさんある。図書館や公園、コワーキングスペースなど、自分にあった場所を探せばいい。

もちろん、ある場所を選んだからといって、毎日そこに行く義務はない。必要なときだけ使うという手もある。たとえば本当にネットサーフィンもしていられないほど忙しいときの奥の手として、とくに集中できそうなカフェをひとつ用意しておくのもいいだろう。

モチベーションの高め方

頭脳労働には、モチベーションが欠かせない。

モチベーションが最大のときには、半日で1週間分の仕事ができることがある。逆に、モチベーションが落ちているときには、1週間かけて1日分も進まないこともある。

でも、どうすればモチベーションが維持できるのだろう。

あなたがマネジャーだとしたら、離れた場所にいる部下のモチベーションを、どうやって引きだせばいいのだろう。甘いアメを与えるか、それとも鞭《むち》で脅せばいいのか？

評論家のアルフィ・コーンは著書『報酬主義をこえて』のなかで、アメも鞭も役に立たないことを明らかにした。報酬や脅しでモチベーションを引きだすことはできず、む

アメとムチ

しろ生産性を大きく引き下げてしまうという。

頭脳労働者のモチベーションを引きだす唯一の方法は、楽しい仕事を、楽しい仲間とやらせることだ。それ以外に近道はない。

眉をひそめている人もいるかもしれない。「仕事は遊びじゃないんだ」という声も聞こえてくる。

たしかに、仕事は遊びじゃない。でも、やりがいがあっておもしろい仕事はたくさんある。「遊びじゃないんだ」といって仕事の楽しみを否定する人は、いい仕事をやりとげたときの知的な喜びを知らないのだろうか？

モチベーションは、小手先のテクニックで上げたり下げたりできるものじゃない。そうではなく、仕事の質と環境を測るバロメーターだと考えたほうがいい。

モチベーションが上がらないということは、つまり仕事に問題があるということだ。やるべき理由が不明確だったり、あるいはチームの仲間と気があわなかったりするのかもしれない。

もしもあなたがリモートで働いていて、一向に手が進まないと感じたら、それは注意信号だ。いまの仕事の何が問題なのかを明らかにして、すみやかに改善したほうがいい。

モチベーションが上がらないとき、たいていの人はまず自分を責める。

「ああ、また先延ばしの悪いクセだ」

「なんでこんなに集中力がないんだろう」

でも、ほとんどの場合、本当の問題は自分じゃない。仕事が悪いのだ。

仕事のせいでモチベーションが上がらないなら、自分に鞭打ってみても意味はない。勇気をだして問題点を指摘し、ネガティブな仕事をポジティブな方向に変えていくべきだ。

もしもあなたがマネジャーで、部下の誰かがモチベーションを失っていることに気づいたら、直接話しあって問題点をはっきりさせよう。仕事が簡単すぎるのか、それとも難しすぎて挑戦するのが怖いのか？　問題点を特定し、それを改善する方法を探っていこう。

組織の問題かもしれないし、その人自身の問題かもしれない。がんばりすぎて糸が切れたのかもしれない。部下がそばにいないと、疲れに気づいてやれないことがある。2週間ほど休ませるだけで、すっかりリフレッシュして元気に働きはじめるかもしれない。

僕らの会社では、3年以上働いている社員に1カ月のリフレッシュ休暇を与えている。

もちろん会社によって向き不向きはあると思うが、部下のモチベーションがなぜか下がっていると感じたら、試してみてもいいだろう。ちょっとした休日ではなく、たっぷりと休暇をとれば、仕事から離れて自分や家族のことを考えられる。仕事に集中できない理由も、何か見えてくるかもしれない。

モチベーションは、心の健康に不可欠だ。健全なチームづくりにも欠かせない。注意信号を見逃さないように、気をつけよう。

旅にでよう

「いつかリタイアしたら、世界中を旅してまわるんだ」そんな夢を持っている人は多い。でも、なぜリタイアするまで待つ必要があるんだろう。歳をとってからでは、旅をするのも大変だというのに。

リモートで働いていれば、いますぐにでも旅にでられる。「仕事があるから無理」なんて言い訳は、もう通用しない。

僕らの会社には、旅をしながら仕事をしているメンバーがたくさんいる。

リモートワークをやってみて、シカゴやニューヨークのオフィスに出勤しなくても仕事はうまく進むことがわかった。ということは、社員がどこにいようと関係ないということだ。あるときはスペイン、あるときはオランダ、あるときはロンドンと、気の向くままに動いてもまったく問題ない。

リンカーン・ループ社の創業者ピーター・バウムガートナーは、家族をつれてコロラドからメキシコの海沿いの町に引っ越した。いまではそこからリモートで会社を経営している（社員はアメリカやカナダ、ヨーロッパ、ニュージーランドの各地に住んでいる）。夏になったらヨーロッパに滞在しようと考えているそうだ。もちろん、休暇ではなく仕事をしながらだ。

リモートでできるクリエイティブな仕事の多くは、コンピュータとインターネットさえあればどこでもできる。コンピュータは持ち運べるし、世界中でインターネットにつながらない場所はほとんどない。

ハワイのビーチで仕事をしようと、フロリダの海にボートを浮かべて仕事をしようと、できあがった成果物には何の影響もないのだ。

もちろん、まったく制約がないわけじゃない。チームの仕事をうまく進めるためには、リアルタイムでコミュニケーションをとる時間も必要だ（95頁「コアタイムを決める」を参照）。とはいえ、地球の反対側でもないかぎり、タイミングをあわせることは難しくない。ちなみに、9時5時で働く必要はないのだから、うまく生活リズムを調整すればいい。お金が貯まるのを待つ必要もない。バカ高い家のローンや車のローンをやめるだけで、交通費と宿泊費くらいはすぐに用意できるはずだ。

放浪生活は、誰にでも向いているわけじゃない。旅が好きな人だって、つねに移動していたいとはかぎらない。それでも、リモートワークは夢のような可能性を開いてくれた。大金が手に入らなくても、仕事をリタイアしなくても、いまや世界を自由に飛びまわることは十分に可能なのだ。

環境に変化をつけよう

リモートで働くメリットのひとつは、自由に環境を変えられることだ。といっても別に、遠い外国に行くということではない（もちろん、それもひとつの選

気分を変えよう

択肢だが)。もっと気軽に、場所を変えるということだ。

家で仕事をしたり、近所のカフェで仕事をしたり、たまには別のカフェで仕事をしたり、図書館に行ってみたり。ひとつの場所にとどまる必要はどこにもない。

決まりきったことの繰り返しは、クリエイティビティを弱らせる。同じ時間に起きて、同じ電車に乗り、同じ道を歩いて、同じオフィスの同じ机に座る。毎日毎日その繰り返しでは、発想まで凝り固まってしまう。

でも環境を変えれば、新しいアイデアがどんどん浮かんでくる。

僕らの会社でデザイナーをやっているミグという社員は、場所の自由を最大限に活用している。シカゴの本社に勤務しているけれど、会社に来るのは週に2、3日。それも、たいていは午後だけだ。午前中はいつも、街のあちこちのカフェですごしている。ちがう環境で、ちがう人びとに囲まれ、ちがう景色を見ている。メニューも店によってさまざまだ。

そういういろんな変化が、新鮮な視点を与えてくれる。「いい仕事をするには変化が必要だ」というのが彼の持論。新たな視点が、よりよいデザインの発想を生むのだ。

リモートで働くということは、家をオフィスにすることではない。キッチンが会社のデスク代わりになるのでは、意味がない。

それよりも、場所の自由を生かして、もっといろんな環境にふれてみよう。多様なものを見て、多様な空気を感じよう。

毎日同じ場所に通う生活よりも、ずっと発想の幅が広がるはずだ。

家族とすごす時間

「家族と一緒にすごしたい」

政治家やCEOが退任するときの言い訳にもよく使われるセリフだが、人間にとって家族とすごすことが大事なことには変わりない。

死ぬ間際になって「もっと会社にいたかった」という人はいない。一方、「もっと家族と一緒にいればよかった」と後悔する人はけっして少なくない。

朝起きると、大急ぎで身支度をして家をでる。夜は残業つづきで、家に帰っても眠るだけ。そんな生活では、家族とまともに話をすることなんて不可能だ。

でもリモートワークなら、事情は大きく変わってくる。

朝起きて、家族と一緒にゆっくりと朝食を食べる。ランチのあとに30分ほど時間をとって、庭で子どもと遊んでやる。子どもが病気になっても、仕事を休むことなくずっとそばにいてやれる。

そんな暮らしが、現実になるのだ。

家族と一緒にいられれば、同僚と会わなくても孤独ではない。だから家族のいる人は、リモートワークに向いている。リアルな誰かとふれあうことは、やはり必要だからだ。ときには、仕事中に話しかけられて気が散ることもあるだろう。でも同僚の雑談につきあうよりは、大事な家族の話に耳を傾けるほうが、ずっと有意義じゃないか？

1時間だった通勤時間が5秒になると、家族といられる時間は長くなる。板挟みのストレスや、一緒にいてやれないという罪悪感もなくなる。

そうすれば仕事にも精がでるし、気分が明るくなってチームワークもよくなる。つまり、業績にも貢献できる。

社員も家族も会社も、みんなが幸せになるしくみだ。

仕事場は家とはかぎらない

家で働くには、専用の仕事部屋があったほうがいい。とはいえ、家が狭くて、そんな余裕がないという人もいるだろう。でも、心配することはない。すでに見てきたように、リモートワークは家の外でもできるからだ。

オフィス以外で仕事ができる場所は、いくらでもある。いちばんシンプルなのは、カフェに行くことだ。カフェをはしごしてフルタイムで働いている人はたくさんいる。

決まったデスクがほしいという人は、どこかの会社で席をひとつ借りればいい。実際、僕らは何年間もそうやって働いていた。別の会社の一角に、余ったデスクを4つだけ借りたのだ。

こうすれば、高い家賃を払わなくてすむし、そこで働いている優秀な人たちと接することもできる。家以外の拠点を持つには、もってこいの方法だ。ひとりだからと気兼ねせず、問いあわせてみるといい。

最近では、都市部を中心にコワーキングスペースも増えてきた。基本的には、別の会

社のデスクを借りるのと同じ発想だ。ちがうのは、全員があなたと同じように、一時的にデスクを借りていること。

コワーキングスペースは、ちょうどオフィスとカフェの中間に位置づけられる。本物のオフィスとちがって同僚に邪魔されることはないし、カフェとちがってみんな仕事をするためにその場にいるからだ。

1時間単位で借りられるフリーデスクから月契約の個室まで、ニーズに合わせてさまざまなコワーキングスペースがある。近くにあればぜひ活用してみよう。

もうひとつの選択肢としては、単純にどこかのオフィスビルに小さな部屋を借りてしまうのもいいだろう。もちろんお金はかかるけれど、引っ越すことにくらべれば安上がりだ。

存在感は仕事でアピール

リモートワークに対する不安のひとつは、存在感がなくなるのではないかということだ。

「その場にいないのに、意見を聞いてもらえるだろうか？」

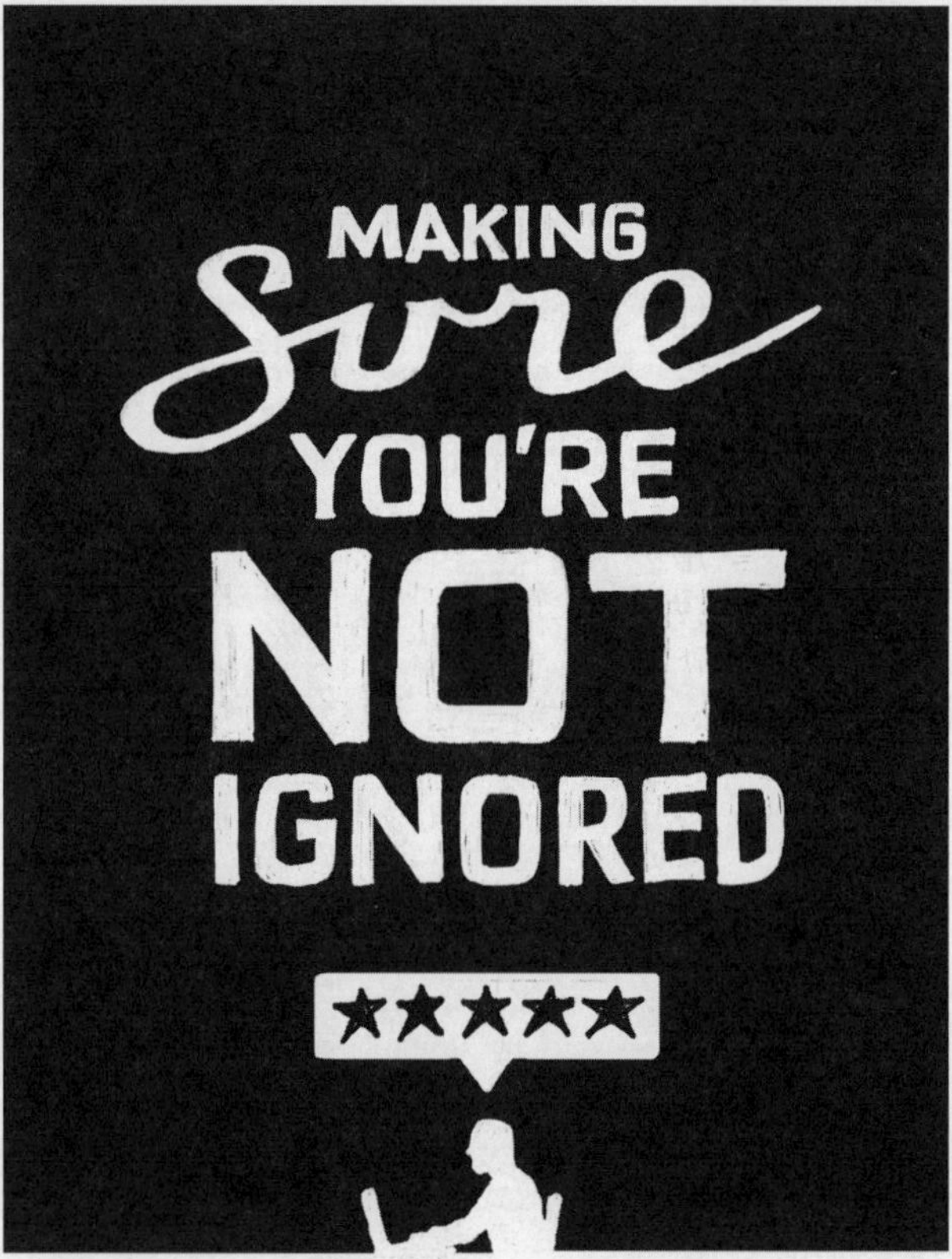

存在感をアピールしよう

「オフィスにいなかったら、僕のことなんて忘れられるかも……」

なるほど、不安に思うのも無理はない。だがこの問題は、とてもシンプルに解決できる。

そもそも、職場で存在感をだすには、2つの方法がある。

ひとつは、騒々《そうぞう》しくすること。もうひとつは、仕事でぶっちぎりの成果を上げることだ。

リモートワーカーにとっては、仕事の成果こそが存在感の鍵になる。

僕らの会社は2005年に、はじめてフルタイムのリモートワーカーを雇った。シカゴから2000キロも離れた、ユタ州に住むプログラマだ。

その仕事ぶりには圧倒された。働きづめというわけでもないのに、ものすごい速さでコードを上げてくる。まだ顔を見たこともなく、声もほとんど聞いたことがなかったけれど、彼の存在感はとびきり際立っていた。

ものをつくることで、圧倒的な存在感を放っていたのだ。

それから8年が経った現在でも、彼は僕らの会社で働きつづけている。ちなみに最近ユタ州をでて、隣のアイダホ州に引っ越したそうだ。

おわりに

オフィスが過去になるとき

30年後、テクノロジーがさらに進化したとき、人びとは過去を振り返り、なぜオフィスなんてものがあったのかと不思議に思うだろう。[15]

——リチャード・ブランソン（ヴァージン・グループ創設者）

ものごとが変わるターニングポイントを予測するのは難しい。だから多くの人は、「そんなことは起こらないよ」といってごまかそうとする。

でも、働き方のターニングポイントは、すぐそこまで迫っている。

オフィスというものが完全に消えることはないかもしれないが、その重要性はすでに下り坂にさしかかっているのだ。

オフィスという枠組みがなくなれば、いろんな人が幸せになる。

人類はこれまで、さまざまな自由を手に入れてきた。働く場所だって、自由に選べたほうがいい。

なかには、不便もあるかもしれない。慣れない環境でプログラムの質が下がることもあるだろうし、通勤していた過去が懐かしくなる人もいるだろう。でも、それはほんの一時的なものだ。

長い目で見れば、かならずいい方向に進んでいく。

リモートワークが世の中の主流になるまでには、数々の論争が交わされるだろう。意見の対立は、いまよりもっと激しくなるはずだ。

ガンジーは、変化にいたるプロセスを次のように表現している。

「はじめは無視され、次に笑われ、それから争いになる。そして最後に、君は勝つ」

いま、僕らは争いの段階に直面している。厳しい戦いになるかもしれないが、ここを乗り越えれば、勝利が待っている。

元ニューヨーク市長のマイケル・ブルームバーグ氏は非常にすぐれた政治家だが、彼の発言を聞くかぎり、リモートワークはまだまだ人びとに理解されていないようだ。2013年のはじめに、彼はこう語っている。

「以前からいっているように、在宅勤務はひどくばかげた考え方だ。もちろん家でできることも少しはあるだろうが、チャットがオフィスでの会話の代わりになるわけがない」[16]

習慣というのはおそろしい。長くやっていればいるほど、変えることが困難になる。ブルームバーグ氏はこれまで、同僚や部下と同じオフィスで働きつづけてきた。市長に就任すると、市役所のホールに全員の机をつめこんで、トレーディングフロアを模したオープンな仕事場をつくった。部下たちは手の届く距離にいるし、立ち上がれば全員の仕事ぶりが一望できる。そういう環境に慣れすぎているのだ。

すっかり定着した常識は、一筋縄では変わらない。地球が丸いと認められる瞬間まで、地球はずっと平らだった。

バットマン・シリーズの映画『ダークナイト』で、ハービー・デント検事がこういっている。

「夜明け前はもっとも暗い。だが約束しよう、夜明けはすぐにやってくる」

リモートワークは、すぐ目の前にある。後戻りのできない変化が起ころうとしている。あとは、いつそこに飛び込んでいくかだ。アーリーアダプターとして時代を先取りするか、その後のブームに乗っていくか、出遅れて後からついていくか、それとも完全に乗り遅れるか。

時代を切り開くイノベーターたちを乗せた船は、すでに港をでてしまった。でもアーリーアダプターのための船は、まだ席に余裕がある。

今こそ、乗り込むチャンスだ。

謝辞

まず、本書のインスピレーションとなり、さらに原稿のレビューをしてくれた37シグナルズの社員みんなに感謝したい。リモートワークが社員と会社の両方を幸せにするという事実を、彼らは身をもって示してくれている。

さらに、リモートワークについてのインタビューに応じてくれた企業や個人にも感謝を捧げたい。彼らの経験や手法は、本書を書く上でとても参考になった。

最後に、インタビューや調査、リライト、原稿チェックに幅広く力を貸してくれたジェイミー・ハイネマイヤー・ハンソンに大きな感謝を。本書がここまでの完成度になったのは、彼女のおかげだ。

大切な家族、ジェイミーとコルトへ。
リモートワークのおかげで僕らはより多くの時間を、さまざまな場所ですごせるようになった。
いつも愛情とインスピレーションを与えてくれてありがとう。

——デイヴィッド・ハイネマイヤー・ハンソン

いま通勤ラッシュに巻き込まれているあなたに、本書を捧げる。

——ジェイソン・フリード

この本を読んで、リモートワークをやってみようと思ってもらえたら幸いだ。すでにリモートで働いている人には、自信の裏づけになってくれることを願っている。あなたは時代の最先端にいるのだ。

読者のみなさんのリモートワーク体験を、ぜひ僕らに聞かせてほしい。会社にリモートワークを取り入れた経験や、リモートワーカーとしてのノウハウなど、何でもかまわない。remote@37signals.com 宛にメールしてくれれば、すべてのメールに目を通し、できるかぎり返信する。

原 注

1. Global Workplace Analytics
2. http://www.slate.com/ articles/business/moneybox/2011/05/your_commute_is_killing_ you.html
3. "Working Outside the Box" IBM の研究報告書 2009 年
4. http://www.govloop.com/telework-calculator
5. http://www.huffingtonpost.com/2013/02/25/jc-penney-employees-youtube_n_2759028.html
6. " 'Working From Home' Without Slacking Off" ウォール・ストリート・ジャーナル、2012 年 7 月 11 日
7. http://www.virgin.com/richard-branson/give-people-the-freedom-of-where-to-work
8. https://agilebits.com/onepassword
9. "Working Outside the Box" IBM の研究報告書 2009 年
10. http://en.wikipedia.org/wiki/5_Whys
11. "For Some, Home = Office" ウォール・ストリート・ジャーナル、2012 年 12 月 20 日
12. http://37signals.com/svn/posts/3151
13. http://www.joelonsoftware.com/articles/GuerrillaInterviewing3.html
14. http://www.jimcollins.com/article_topics/articles/good-to-great.html
15. http://www.virgin.com/richard-branson/one-day-offices-will-be-a-thing-of-the-past
16. http://www.capitalnewyork.com/article/politics/2013/03/8071699/michael-bloomberg-agrees-marissa-mayer-telecommuting

ベースキャンプについて

※1999年に立ち上げられた「37シグナルズ」は、
2014年、「ベースキャンプ」に社名変更した。

ホームページ（英語）
https://basecamp.com

アイデアや意見が満載のブログ（英語）
https://m.signalvnoise.com

本書のオフィシャルサイト（英語）
https://basecamp.com/books/remote

前著『小さなチーム、大きな仕事』ウェブサイト（英語）
https://basecamp.com/books/rework

もしも僕らの会社に興味を持ってくれたなら、ニュースレターに登録してくれるとうれしい。
https://basecamp.com/newsletter

解説

リモートワークを「乗りこなす」ためのバイブル

Tokyo Work Design Week オーガナイザー／
&Co. 代表取締役／法政大学キャリアデザイン学部兼任講師
横石　崇

2020年、「オフィスのない世界」が突然やってきた。

誰が想像できたであろう。新型コロナウイルスの流行により、わたしたちは半ば強制的に、多くの人の準備が整っていない中、自宅で仕事をすることになった。チーム内のコミュニケーション不全に限らず、労務管理の難しさや通信環境の格差問題、ハンコのために出社する事態になるなど、誰しもが戸惑い、大いなる混乱の渦に陥れられたことだろう。

だが一方で、リモートワークを活用して、うまくいっている組織があったことも確かだ。いくつかの会社では永久的にリモートワークを許容する動きも出てきた。どうすれば、わたしたちはオフィスに依存せず、一人ひとりが離れながらも、チームとしてのパフォーマンスをうまく発揮させることができるのだろうか。

その答えは、「リモートワークの達人」に聞くのが何よりも近道である。

◆

本書は、2013年に発行され、リモートワークをするためのバイブルとして世界中で親しまれてきた*Remote: Office Not Required*（邦訳は『強いチームはオフィスを捨てる』／早川書房）を急遽文庫化したものだ。

正直に言えば、この本に出会ったその当時、「いまいち現実味がない」という感想をもったものである。なぜなら当時はどれだけリモートワークの良さを訴えても、結局はセキュリティをはじめとするごまんとある〝できない理由〟を並べられ、その普及は企業においてかなり限定的だったからだ。だから、フリーランスでもない限り、オフィスを捨てて、リモートで働くなんてことは非常識だと考える人も少なくなかった。

しかし、今となってはどうだろうか。彼らがこの本で描いていたことは、今では新しい常識へとすっかり様変わりしてしまった。改めて、昨日までの非常識が、明日の常識になる時代に生きていることを痛感させられる。新しい生活様式へのシフトチェンジが必要となり、今までのオフィスや働き方にはすぐに戻れなくなった。むしろ戻りたくない人も多くいるだろう。また、これをきっかけにデジタルシフトを進めてリモートワークに取り組む企業は、人材獲得などでも競争力を高めていくことができるはずだ。

そんなコロナの時代において、この本に課せられたミッションは、今までとは異なる方法で、今までよりも柔軟で変化に対応できる強いチームをつくりあげることにある。

著者であるジェイソン・フリードとデイヴィッド・ハイネマイヤー・ハンソン率いる「ベースキャンプ（元・37シグナルズ）」社は世界中のだれよりもリモートワークを実践し、無数の失敗を乗り越えてきた。彼らはリモートワークがしたいがために自分たちの手でプロジェクト管理ツール「ベースキャンプ」を開発し、運営を行い、リモートで20年間も働き続けている。すでに数百万人のユーザーを抱えながらも、世界各地にメンバーが散らばりながら成果を上げ続けているのだ。彼らが型破りな類を見ない組織づくりに挑戦していることは想像に難くない。

リモートワークというのは誰でもすぐに始められて、誰でも当たり前のように成果が出せるわけではないのはご承知のとおりだ。多くの実践者らが語るようにリモートワークで働くということは、〝自転車〟に乗ることと変わりはない。誰でも最初は乗りこなすことはかんたんではない。けれども、何度も何度も転んでは漕いでと繰り返していくうちに、いつの間にか遠くまでいけるようになった経験は誰にでも思い当たるだろう。「怠けよりも働きすぎに注意しよう」「1日のリズムをつくろう」「いやなやつは採用しない」「いますぐ返事がほしい病を完治しよう」「無駄な承認や手続きは根絶しよう」といった本書のアドバイスや提言はすべて、現場の経験に基づく実用的な内容である。個人の体験談や綺麗事ではなく、学習する組織としての生きた経験知が凝縮された数々のノウハウはまさに〝自転車〟を乗りこなすための実践マニュアルとも言ってよいだろう。

また、本書が支持される理由をもう一つ加えるとすれば、リモートワークという文化を定着させたことにある。

離れて働くためのインターネット・テクノロジーはずっと以前から存在したものの、離れながらにして強いチームをつくれるなんて内心ではほとんどの人が信じていなかったし、信じていたとしてもそれを上手に乗りこなす操縦員はどこにもいなかった。実際に米国のヤフーやIBMではリモートワークを無用の長物として禁じた過去がある。

でも著者らは違った。彼らはオフィスなき世界における働き方を愛し、誰よりも真剣に取り組み、そこで得た知見を包み隠さずに開示していった。その恐れない勇気と挫《くじ》けない信念があったからこそノウハウが次々と集まり、知恵となってバイブル化され、世界中に知れ渡ることになった。その結果、至るところで〝自転車〟を乗りこなすようにしてリモートワーカーたちが育っていったのである。

本書で使われている「リモートワーク」と似た言葉に、「テレワーク」というものがある。日本だと「テレワーク」を用いることが一般的かもしれない。これは「テレワーク」が行政主導による用語や制度を指すことが多いのに対して、「リモートワーク」はITエンジニアから生まれてきた用語であり、カルチャーであることが大きな違いである。ITエンジニアである著者らのように自律を求めて働く価値観と積み重ねてきた実践があったからこそ、押し付けるのではなく自発的に職種や業種を超えて、文化として定着し、その花がひらくことになったのだ。

◆

さて、ここまで本書が果たした功績とその役割について述べてきた。では、ここからは日本でリモートワークが普及しない原因について迫っていくことで、この本が指し示すこれからの働き方の展望についても触れてみたい。

さまざまな調査結果にもあるように、在宅勤務の要望が圧倒的に多いにもかかわらず、なぜ未だにリモートワークは浸透しないのだろうか。著者らが強く主張するように、一番の障壁は「人の気持ち」にある。会社の構造や仕組みの壁よりも、頭にこびりついてしまった固定観念を振り払い、リモートワークに対する考え方や意識をアップデートすることが何よりも難しい。

ましてやリモートワーク後進国である日本においては、まだまだ勘違いや誤解が多い。いまだに対面しないと「自分の真意が伝わるのかわからない」「気軽に仕事を頼みにくくなる」という上司がいるせいで何時間もオフィスで過ごさなければならない、といった冗談のような話もざらだ。今回のコロナにおける騒動を見ていても、あまりにもリモートワークが神格化されることもあれば、組織のパフォーマンスを低下させるものとして敵視されることもあり、まだまだ議論の余地があることを再認識させられる次第だ。

今後、一気にデジタルワークへと舵が切られ、自宅をベースにした執務環境を整えてもなお、「家だと仕事をさぼるのではないか」「セキュリティを守れないのではないか」「会社の文化が壊されるのではないか」「顧客対応が疎かになるのではないか」などのさまざまな疑念や不信、誤解により横槍が入るかもしれない。そんなときこそ、この本を手にとって見返してほしい。それらを収束させるための鮮やかな切り口がちりばめられている。

そんな中にあって、ぼくが特に誤解されていると感じるのは、リモートワークの利点についてだ。世の中で強調されやすいのが、「時間からも空間からも自由になれる」ということではあるのだが、これはあくまでもメリットの一要素であってすべてではない。むしろリモートワークの最大の長所であり、最高の恩恵は、「今までの無駄だったものをさらけ出して、重要なものと向き合えること」にある。今回の騒動下でも多くの人が気づいたことだろう。仕事とは「会社に行くことではなく、価値を生み出すこと」に他ならないということを。いらない通勤、いらない会議、いらない上司、いらない稟議、いらないルール。普段だと気がつきにくいことも、オフィスから離れることができたおかげで、いかにわたしたちが本質的ではないものに囲まれて働いていたかを身をもって知ることができたに違いない。

コロナ禍において多くの人が同時にリモートワークを体験できたことは、日本人の働き方をアップデートする上でこれ以上ない転換点になった。無駄を見極めて、仕事の本質に向き合うためのきっかけになった人もいれば、仕事という枠を超えて、自分自身の生き方と向き合うための機会になった人もいるだろう。至極まっとうなことだ。オフィスから離れるということは「いつ、どこで、誰といたいのか」という問いに決着をつけざるをえない。著者らが語りかけるように「リモートワークは社員の生活の質を向上させるためのもの」であり、「みんながいちばんやりやすいやり方で働けるようになるのが目的だ」というのも強くうなずける。

リモートで働こうとするのであれば、まずは自分の人生の優先順位について割り振りしなければならない。どのような人生をおくりたいのか、自分の人生の重心をどこに置くのかといった戦略が必要になる。

あなたは何のためにリモートワークをするのか。働くことは生きることの一部であることを改めて自分に問うてほしい。リモートワークはあくまでも手段であり、〝自転車〟とたとえたように結局は自身の意志を手助けしてくれる道具にしか過ぎないことを忘れてはいけない。〝自転車〟に乗るのであれば、向かうべき目的地は決まっているだろうか。目的地を決めるのはまぎれもなくあなたでしかない。

◆

今もなお、完全な抑え込みが難しいと言われるこのウィルスは、発症以前にも人知れず広がっていくという非常にやっかいな性質をもった感染症であることがわかってきた。人間にとって根源的な欲求である、人と人との直接的なコミュニケーション活動を奪い、分断化させる様は〝孤独化ウィルス〟と言ってもいいかもしれない。

しかし、今やインターネットを駆使し、スマートフォン端末一つでも仕事ができる時代だ。人同士のかかわりあいを断絶しようとするこのウィルスに対して、わたしたちがいち早い根絶をのぞめばのぞむほど、リモートワークの普及が鍵になってくるのは間違いない。そういった意味で、この本は感染症に抵抗し、今までの日常を取り戻すための装置にもなる。

とはいえ、感染症に限らず、世界はこれまで以上に予測や見通しが役に立たない時代になるだろう。そこで大切なことは、柔軟性をもって変化に対応し、自律的に働くことだ。組織の時代から個の時代へと進んでいく中で、個々人が創造性を解き放ち、ゆたかさの再定義をすすめていく上でも、リモートワークの存在感は今まで以上に増していくはずだ。

オフィスにいることを仕事と考えるのは、もうやめにしよう。会社に長くいるからといって偉いわけでもなければ、誇るべきものでもない。これからわたしたちがつくる働き方の未来では、会社出勤の評価と価値創造の成果を一緒くたにしてはならない。昨日までの常識を語り続けるのは終わりにして、わたしたちは著者らの言葉に目を覚ますべきだ。

「本当に仕事がしたかったら、会社になんか行かなければいい」

はたして、わたしたちはこの〝自転車〟に乗ってどこまでいけるのだろうか。これから先、迷うこともあれば転ぶこともあるだろう。それでも、恐れることはなにひとつない。ボン・ヴォヤージュ。この〝新しい日常〟の風景をみんなで楽しんでいこう。

2020年6月

本書は、二〇一四年一月に単行本『強いチームはオフィスを捨てる――37シグナルズが考える「働き方革命」』として早川書房より刊行された作品を改題、文庫化したものです。

訳者略歴　翻訳家。京都大学卒業後、ソフトウェア開発者として活動したのち、翻訳家として独立。訳書にウェザーオール『ウォール街の物理学者』（早川書房刊）、マキューン『エッセンシャル思考』、テイラー『スタンフォード大学で一番人気の経済学入門』他多数。

HM=Hayakawa Mystery
SF=Science Fiction
JA=Japanese Author
NV=Novel
NF=Nonfiction
FT=Fantasy

リモートワークの達人《たつじん》

〈NF560〉

二〇二〇年七月 十 日　印刷
二〇二〇年七月十五日　発行
（定価はカバーに表示してあります）

著者　ジェイソン・フリード
　　　デイヴィッド・ハイネマイヤー・ハンソン
訳者　高《たか》橋《はし》璃《り》子《こ》
発行者　早川　浩
発行所　株式会社　早川書房
郵便番号　一〇一-〇〇四六
東京都千代田区神田多町二ノ二
電話　〇三-三二五二-三一一一
振替　〇〇一六〇-三-四七七九九
https://www.hayakawa-online.co.jp
乱丁・落丁本は小社制作部宛お送り下さい。
送料小社負担にてお取りかえいたします。

印刷・株式会社精興社　製本・株式会社フォーネット社
Printed and bound in Japan
ISBN978-4-15-050560-8 C0134

本書のコピー、スキャン、デジタル化等の無断複製は著作権法上の例外を除き禁じられています。

本書は活字が大きく読みやすい〈トールサイズ〉です。